Verhandlungen, Mitteilunge

und

Berichte

des

Centralverbandes Deutscher Industri

№ 128.

Herausgegeben

von

Dr. jur. Schweighoffer,

Generalsekretär des Centralverbandes Deutscher Industrielle

Berlin W 9, Linkstr. 25 (Fuggerhaus).

Telephon: Amt Lützow, Nr. 2527 u. 4454.

Oktober 1913.

Berlin 1913.

J. Guttentag, Verlagsbuchhandlung,

G. m. b. H.

Inhaltsverzeichnis.

Centralverband Deutscher Industrieller.

Sitzung des Ausschusses

am 15. September 1913, vormittags 9 Uhr, zu Leipzig im kleinen Kongreßsaale der Internationalen Baufach-Ausstellung.

Der Vorsitzende des Direktoriums, Herr Landrat a. D. Rötger, gedenkt vor Eintritt in die Tagesordnung der Herren, die seit der letzten Sitzung durch den Tod aus dem Kreise der Mitglieder des Centralverbandes Deutscher Industrieller ausgeschieden sind. Es sind dies die Herren Geheimer Kommerzienrat Dr.-Ing. h. c. Haarmann-Osnabrück, Kommerzienrat Stark-Chemnitz, Kommerzienrat Bock-Würzburg, Kommerzienrat Rössing-Plauen. Der Vorsitzende bezeichnet die Verstorbenen als hervorragende und treue Anhänger des Centralverbandes Deutscher Industrieller. Die Versammlung ehrt ihr Andenken durch Erheben von den Plätzen.

Es erfolgt sodann die Neuwahl der Prüfungskommission für die Jahresrechnung von 1913. Gewählt werden die Herren Generaldirektor Werminghoff-Weißer Hirsch bei Dresden, Generaldirektor Winkler-Berlin, Geheimer Baurat Mathies-Berlin.

Weiterhin nimmt die Versammlung die Zuwahl neuer Mitglieder des Ausschusses vor. Danach werden in den Ausschuß berufen die Herren Generaldirektor Ashoff-Altena, Kommerzienrat Bauriedel-Nürnberg, Generaldirektor Bergrat Dr. Grunenberg-Hermsdorf, Kommerzienrat Hertle-Leipzig, Dr.-Ing. h. c. von Oechelhäuser-Dessau, Kommerzienrat Reinecker-Chemnitz, Kommerzienrat Stahmer-Georgsmarienhütte, Fabrik- und Rittergutsbesitzer Selve-Altena, Direktor Tafel-Nürnberg.

Es wird nun in die Vorberatung für die Tagesordnung der Delegierten eingetreten. Punkt 1 derselben, Begrüßungsansprache des Vorsitzenden, wird durch Uebergang zur Tagesordnung erledigt.

Zu Punkt 2, Wahlen in den Ausschuß, bemerkt der Vorsitzende, daß deren Ergebnis wie oben der Versammlung der Delegierten bekanntgegeben wird.

Als 3. Punkt der zur Beratung stehenden Tagesordnung folgt der Bericht des Geschäftsführers. Von seiner Erstattung wird herkömmlicherweise abgesehen und sogleich in die Erörterung der vom Direktorium vorgelegten Beschlußanträge eingetreten. Vor Eröffnung der Diskussion hierüber gibt der Vorsitzende der Versammlung noch davon Kenntnis, daß im Einverständnis mit dem Referenten, Herrn Dr. Schlenker, der Vortrag „Deutsche Finanzpolitik und Industrie", Punkt 4 der Tagesordnung, von dieser abgesetzt worden sei. Es sei dieses geschehen einmal wegen der am selben Tage stattfindenden Festsitzung, sodann weil das Direktorium das erwähnte Thema zunächst noch einmal einer eingehenden Erörterung in einer Ausschußsitzung zu unterziehen gedenke, bei welcher Gelegenheit dann nach Ansicht des Direktoriums zugleich auch über die Fragen „Industrie und Handwerk" unter der bewährten Mitarbeit des Herrn Dr. Brandt-Düsseldorf gesprochen werden soll.

Der Vorsitzende stellt darauf den Resolutionsantrag zur Diskussion, der aus Anlaß der gegen den Centralverband Deutscher Industrieller wegen der Erklärung des Geschäftsführers auf dem 3. Reichsdeutschen Mittelstandstage gerichteten Angriffe vom Direktorium eingebracht worden ist. In der Debatte hierüber werden sowohl der Beschlußantrag selbst wie auch die ihm zugrunde liegenden Vorgänge sehr eingehend erörtert. Es beteiligen sich an der Erörterung die Herren Direktor Meesmann-Mainz, Dipl.-Ing. Frölich-Düsseldorf, Fabrikbesitzer March-Charlottenburg, Direktor Müller-Berlin, Syndikus Hirsch-Essen, Dr. Kuhlo-München, Dr. Schlenker-Saarbrücken, Dr. Büttner-Augsburg, Regierungsrat a. D. Dr. Schweighoffer-Berlin, Dr. Dietrich-Plauen, Dr. Martens-Dortmund, Dr. Töpffer-Stettin, Geh. Kommerzienrat Vorster-Köln, Dr. Beumer-Düsseldorf, Direktor Forthmann-Berlin. Die Ausführungen der genannten Herren, die sich zum Teil auch auf die grundsätzliche Stellung des Centralverbandes Deutscher Industrieller zur Handels- und Sozialpolitik erstrecken, heben die Diskussion stellenweise auf eine bedeutsame Höhe. Sie finden ihren Abschluß in der mit einigen redaktionellen Aenderungen einstimmig beschlossenen Annahme der vom Direktorium vorgelegten Resolution.

Ohne Diskussion werden sodann, gleichfalls einstimmig, angenommen die Beschlußanträge betreffend die Beteiligung Deutschlands an der Weltausstellung in San Francisco im Jahre 1915 und die bevorstehende Internationale Arbeiterschutzkonferez in Bern. Damit ist die Tagesordnung erledigt.

Schluß der Sitzung ½11 Uhr vormittags.

Versammlung

der

Delegierten des Centralverbandes Deutscher Industrieller

am 15. September 1913, vormittags 10½ Uhr zu Leipzig im großen Kongreßsaale der Internationalen Baufach-Ausstellung.

Vorsitzender Landrat a. D. **Rötger**: Meine Herren! Im Namen des Direktoriums des Centralverbandes Deutscher Industrieller heiße ich die Herren Delegierten herzlich willkommen. In diesen Willkommengruß darf ich heute einschließen zunächst unsere Freunde von den mit uns verbündeten Vereinigungen. Ich nenne da den Verein zur Wahrung der Interessen der chemischen Industrie Deutschlands, die Centralstelle für Vorbereitung von Handelsverträgen, die ständige Ausstellungskommission für die deutsche Industrie. Außerdem haben wir heute die besondere Ehre, die Herren vom Präsidium des Zentralverbandes der Industriellen Oesterreichs unter uns zu sehen, welche ja morgen mit uns den Kongreß abhalten werden, dessen Veranstaltung infolge einer anläßlich des vorjährigen Münchener Kongresses geführten Korrespondenz vor etwa 6 Monaten angeregt worden ist. Ich möchte schon in unserem Kreise dem Wunsche und der Hoffnung Ausdruck geben, daß diese unsere erste gemeinsame Tagung mit den Herren des Zentralverbandes der Industriellen Oesterreichs recht schön verlaufen möge, daß sie bei allen Teilnehmern das Gefühl voller Befriedigung erwecken möge und daß aus dieser Tagung Nutzen für die beiden hochbedeutsamen Wirtschaftsgebiete erwachsen möge.

Des weiteren, meine Herren, haben wir die hohe Ehre, Vertreter der Königl. Sächs. Staatsbehörden unter uns zu sehen, an deren Spitze ich Se. Exzellenz den Herrn Staats- und Finanzminister v. Seydewitz besonders herzlich willkommen heiße.

Meine Herren! Bevor wir in die Erledigung unserer Tagesordnung eintreten, habe ich Ihnen herzliche Grüße von unserem alten Bueck zu bringen. (Bravo!) Ein großer Teil von den hier versammelten Herren wird wissen, daß der alte Herr in den letzten Wochen sehr schwer zu leiden hatte, so daß man in seiner nächsten Umgebung auf das Ernsthafteste um sein Leben besorgt sein mußte. Gott sei Dank kann ich Ihnen mitteilen — ich habe ihn gestern vor 8 Tagen besucht —, daß es ihm wesentlich besser geht, und daß ich den Eindruck hatte, als ich an seinem Bette saß, daß er wieder ganz der Alte war. Er hat mir also Grüße an die Herren aufgetragen, und ich möchte Sie bitten, meine Herren, sich damit einverstanden zu erklären, daß wir ihm von hier heute einen Gruß in der Form einer Depesche schicken. Ich bin überzeugt, daß wir ihm damit eine große Freude machen werden. (Lebhafte Zustimmung.)

Meine Herren! Wir haben dann seit der letzten Delegiertenversammlung zu unserem Leidwesen eine Reihe von hervorragenden Männern durch den Tod aus unserer Mitte verloren, deren wir heute beim Eintritt in unsere Verhandlungen ehrend und dankbar gedenken müssen.

Ich nenne da zuerst den Herrn Geh. Kommerzienrat Dr.-Ing. h. c. Haarmann in Osnabrück, einen Selfmademan in des Wortes wahrster Bedeutung, einen Mann, der als Mensch jedem, der ihn gekannt hat, unvergeßlich bleiben wird, dank seiner vortrefflichen Charaktereigenschaften, dank aber auch seines Humors und seiner dichterischen Begabung, die oft genug im rechten Momente zutage trat und die mir persönlich ganz besonders schöne Erinnerungen hinterlassen hat. Besonders aber gedenken wir des verstorbenen Geheimrats Haarmann als eines Pioniers auf dem Gebiete der Verwertung des Stahls für die Zwecke des Verkehrs, sein Name ist mit ehernem Griffel eingezeichnet in die Geschichte der Eisen- und Stahlverwertung.

Der zweite Herr, dessen ich zu gedenken habe, ist Herr Kommerzienrat Starck in Chemnitz, der, schon lange leidend, vor einigen Monaten das Zeitliche gesegnet hat. Er war ein treuer Freund und Mitarbeiter des Centralverbandes Deutscher Industrieller. Vor allen Dingen unvergessen wird ihm bleiben seine sehr rege Teilnahme an den Arbeiten der vom Centralverband Deutscher Industrieller gegründeten Hauptstelle deutscher Arbeitgeberverbände auf dem Gebiete der Organisierung der deutschen Arbeitgeber.

Ich nenne dann den Herrn Kommerzienrat Rössing in Plauen, Vorsitzenden der dortigen Handelskammer, einen Herrn, mit dem ich noch vor wenigen Monaten in angeregter Unterhaltung mich zusammengefunden hatte, und dessen Tod mich — und vielen unter uns ist es jedenfalls ebenso ergangen — auf das Schwerste erschüttert hat. Mit ihm ist ein Mann aus dem Leben gegangen, der wirklich aus der Vollkraft der Jahre und der Tätigkeit hinweggerafft wurde.

Und dasselbe kann man wohl sagen von dem vierten unter diesen Dahingeschiedenen, Herrn Kommerzienrat Bock in Würzburg, der auch ein treuer Freund des Centralverbandes Deutscher Industrieller und ebenso wie Herr Rössing ausgezeichnet war durch einen weltumspannenden Blick, wie er der deutschen Industrie in ihren führenden Männern so nötig und Gott sei Dank so reich gegeben ist.

Meine Herren! Ich bitte Sie, zu Ehren der Verstorbenen sich von Ihren Plätzen zu erheben. (Geschieht.) Ich danke Ihnen.

Schon wiederholt habe ich in den letzten Jahren bei Delegiertenversammlungen auf die fruchtbare Zusammenarbeit der Interessengemeinschaft verwiesen, welche der Centralverband Deutscher Industrieller zusammen mit dem Verein zur Wahrung der Interessen der chemischen Industrie Deutschlands und der Centralstelle für Vorbereitung von Handelsverträgen gegründet hat. Auch heute kann ich mitteilen, daß unsere auf die Beschaffung der Grundlagen für die mit Ablauf des Jahres 1917 beginnende neue Aera der Handelsverträge gerichtete Arbeit im gedeihlichen Zusammenwirken der genannten 3 Körperschaften fortschreitet, und ich knüpfe hieran die Bitte, daß diejenigen körperschaftlichen Mitglieder des Centralverbandes Deutscher Industrieller, welche noch nicht ihre diesbezüglichen Wünsche angemeldet haben, dies recht bald tun mögen. Es steht zu hoffen, daß wir diesmal dank dieser groß angelegten und langer Hand vorbereiteten Arbeit weit besser gerüstet dastehen werden, als dies in der kritischen Zeit um die Wende des Jahrhunderts der Fall war. (Bravo!)

In den letzten Wochen ist eine verwunderliche Preßfehde über den Centralverband Deutscher Industrieller dahingegangen, aus Anlaß der Ausführungen, welche Ihr Herr Geschäftsführer am 24. August auf dem dritten Reichsdeutschen Mittelstandstage über die Solidarität der Interessen der großen deutschen Erwerbsstände in vollem Einvernehmen mit mir gemacht hat. Meine Herren! Die demokratische Presse, ihre Schrittmacher und Gefolgsmänner entrüsten sich über etwas, was so selbstverständlich ist wie der Sonnenschein um Mittag bei klarem Himmel, daß nämlich im Erwerbsleben stehende unabhängige Männer ihre vitalsten Interessen zu verteidigen suchen, und zwar gegen jedermann, vor allem gegen eine Reichstagsmehrheit, welche durch ihre Haltung in der letzten Session die begründete Befürchtung hat aufkommen lassen, daß auch bei bürgerlichen Parteien die Rücksicht auf die Wohlfahrt der Erwerbsstände unter Umständen hinter das Parteiinteresse zurücktreten muß. (Sehr richtig!)

Meine Herren! Ist es den im harten Kampfe des praktischen Lebens Stehenden zu verdenken, wenn sie derartigen Auswüchsen der Parteidoktrin entgegentreten und ohne Rücksicht auf Parteizugehörigkeit einen Warnungsruf ertönen lassen? Wer verdient wohl mehr den Namen des selbständig denkenden Mannes? Der, welcher sich gehorsam den Wünschen der Parteiführer unterordnet und ihre höhere Weisheit regieren läßt, oder der, welcher Kritik übt, und zwar nicht nur an den politischen Gegnern, und auf die Beseitigung von unerhörten Uebelständen hinzuwirken sucht und danach sein Verhalten einrichtet. (Bravo! Sehr richtig!)

Ich will auf die in diesen Wochen in der demokratischen Presse zutage getretenen — als höflicher Mann sage ich — Mißdeutungen nicht eingehen, sondern beschränke mich darauf, zu konstatieren, daß recht beachtliche Stimmen auch von nationalliberaler Seite in unserem Sinne laut geworden sind. Diese Beobachtung läßt uns hoffen, daß in Zukunft alle bürgerlichen Parteien bereit gefunden werden dürften, den dringendsten Wünschen der deutschen Arbeitgeber aus allen Erwerbskreisen in Richtung der Haltung des Reichstages zu den brennenden Fragen der Autorität der Arbeitgeber und des Schutzes der Arbeitswilligen gebührend Rechnung zu tragen, wie dies bereits von seiten der Rechten geschehen ist.

Meine Herren! Manchmal besorgen einem auch die Gegner die Geschäfte. Ich war, wie schon angedeutet, einigermaßen verwundert, daß das Auftreten Ihres Herrn Geschäftsführers am 24. August solche Beachtung in der demokratischen Presse fand. Die Sache hat dadurch erfreulicherweise eine so große Bedeutung für die Oeffentlichkeit erhalten, daß sie vielleicht in noch höherem Maße bei den verbündeten Regierungen und beim Reichstage Beachtung findet, als wenn der ganze Entrüstungssturm unterblieben wäre. (Sehr richtig!)

Meine Herren! Ein wirtschaftlicher Verein von der Bedeutung des unserigen muß sich vor allem das Recht der Kritik an den Maßnahmen der gesetzgebenden Körperschaften auf wirtschafts- und sozialpolitischen Gebieten in vollstem Umfange wahren (sehr richtig), darf sich also unter keinen Umständen in die Gefolgschaft einzelner politischer Parteien oder Parteirichtungen drängen lassen. (Sehr richtig!) Diesem Grundsatze haben die Führer des Centralverbandes Deutscher Industrieller allezeit nachgelebt, das läßt sich an ungezählten Beispielen erweisen, und sie haben mit dieser ihrer Haltung das nationale Wirtschaftsleben in hohem Maße gefördert und sich den Dank der Industrie verdient.

Es geht nicht an, daß man uns Inkonsequenz vorwirft, wenn wir vor 4 Jahren Kritik geübt haben an der Haltung der äußersten Rechten und wenn wir heute Kritik üben an der Haltung von deren Gegnern im bürgerlichen Lager und danach unsere Maßnahmen treffen. Wir sind nicht Parteimänner, sondern unabhängige Männer des praktischen Lebens und verteidigen unsere Interessen gegen jedermann, auf welcher Seite er auch stehen mag. (Sehr richtig!) Dabei haben wir niemals vergessen, den Blick auf das große Ganze zu richten, und sind immer bereit, Opfer zu bringen, auch dauernd, wo es das große Ganze erfordert. Diesen Grundsätzen wird auch in Zukunft Ihr Direktorium getreu bleiben zum Besten der deutschen Industrie und des deutschen Wirtschaftslebens überhaupt. (Lebhafter, langanhaltender Beifall.)

Meine Herren! Ehe wir in die weitere Behandlung der Tagesordnung eintreten, möchte ich mitteilen, daß das Direktorium beschlossen hat, den 4. Punkt der Tagesordnung, „Deutsche Finanzpolitik und Industrie", abzusetzen. Wir haben das getan, einmal wegen Zeitmangels mit Rücksicht darauf, daß wir heute nachmittag die hohe Ehre haben werden, Se. Majestät den König unter uns zu sehen, und natürlich den Herren Zeit gegeben werden muß, nicht nur rechtzeitig im Rathause sich zu versammeln, sondern vorher auch noch sich etwas auszuruhen. Außerdem aber haben wir in der Erörterung gestern im Direktorium in Uebereinstimmung mit dem Herrn Referenten uns davon überzeugt, daß es richtiger ist, diese Fragen, die hier in Punkt 4 zur Erörterung gestellt werden sollten, über Finanzpolitik und Industrie, zunächst im Ausschuß eingehend zu besprechen. Ich habe das heute im Ausschuß mitgeteilt und die Billigung des Ausschusses gefunden. Wir werden also zunächst die Angelegenheit im Ausschuß behandeln.

Nun kommen wir zu Punkt 2 der Tagesordnung: „Wahl des Ausschusses." Der Ausschuß hat heute in seiner ordentlichen Sitzung — die Herren wissen, daß der Ausschuß berechtigt ist, sich zu kooptieren — zugewählt die folgenden Herren: Generaldirektor

Ashoff, Vorsitzender der Vereinigung deutscher Messingwerke zu Köln a. Rh., Altena i. W.; Kommerzienrat Bauriedel, Vorsitzender des Verbandes deutscher Müller. Nürnberg; Generaldirektor Bergrat Dr. Grunenberg, Hermsdorf (Niederschlesien); Kommerzienrat Hertle, Leipzig; Dr.-Ing. h. c. von Oechelhäuser, Dessau; Kommerzienrat Dr.-Ing. Reinecker i. Fa. J. E. Reinecker, A.-G., Chemnitz-Gablenz; Kommerzienrat Stahmer, Georgs-Marienhütte; Fabrik- und Rittergutsbesitzer Walther Selve, Altena i. W.; Direktor Tafel, Nürnberg.

Ich habe die Ehre, der Delegiertenversammlung davon Kenntnis zu geben.

Nun kommen wir zu dem Geschäftsberichte des Herrn Regierungsrat Dr. Schweighoffer. Ich gebe ihm das Wort.

Geschäftsführer Regierungsrat a. D. Dr. jur. Schweighoffer-Berlin:

Eure Exzellenz! Meine sehr geehrten Herren! Es ist Brauch im Centralverbande Deutscher Industrieller, daß sich der zu erstattende Geschäftsbericht auf die seit der letzten Delegiertenversammlung verflossene Periode bezieht. Diese letzte Versammlung der Delegierten des Centralverbandes Deutscher Industrieller hat am 12. Dezember v. J. in Berlin stattgefunden und gleichwie auf jener Versammlung, so kann ich auch heute wieder mit Genugtuung feststellen, daß der Centralverband Deutscher Industrieller in der Zeit der abgelaufenen Berichtsperiode eine beachtenswerte Stärkung und Erweiterung erfahren hat. Es haben sich ihm seit der letzten Delegiertenversammlung nicht weniger als 26 bedeutende Einzelfirmen und 14 große Verbände angeschlossen, so daß der Centralverband Deutscher Industrieller gegenwärtig in seinen körperschaftlichen Mitgliedern über 55 000 industrielle Firmen umfaßt.

Durch diese Tatsache sowie dadurch, daß die neu beigetretenen Mitglieder in der überwiegenden Mehrzahl den Industrien der Fertigfabrikate und der Feinverarbeitung angehören, sollte eigentlich die immer wieder erhobene Behauptung zur Genüge widerlegt sein, daß der Centralverband Deutscher Industrieller nur die sogenannte „schwere" Industrie vertrete, daß aber die verarbeitende oder Fertigindustrie in ihm nicht zur Geltung komme.

Es ist nicht uninteressant, daß bereits vor nunmehr 37 Jahren, alsbald nach der Begründung des Centralverbandes Deutscher Industrieller im Jahre 1876, ähnliche unzutreffende Behauptungen aufgestellt wurden, und daß der Centralverband Deutscher Industrieller schon damals, wie auch noch heute, in den Blättern demokratischer und freihändlerischer Richtung „agrarischer Tendenzen“, der „einseitigen Hochschutzzöllnerei“ usw. bezichtigt und verdächtigt wurde. Zu diesen Angriffen nahm in der ersten Sitzung des Ausschusses des Centralverbandes Deutscher Industrieller, die hier in Leipzig in den Tagen des 5. und 6. Mai 1876 stattfand, der damalige Vorsitzende, Herr von Kardorff-Wabnitz, nach den protokollarischen Aufzeichnungen mit folgenden Worten Stellung: „Bereits auf die unvollständigen Nachrichten hin, die über die Versammlung im Dezember verlautet sind, haben eine große Zahl der wunderlichsten Angriffe und die Unterschiebung abenteuerlicher Absichten stattgefunden und einzelne Preßorgane haben in bezug auf Erfindung viel geleistet, ebenso in bezug auf dunkle Darstellung . . . Unter anderen schönen Sachen hat man auch dem Verbande die „Reaktion“ zugesprochen.“

Nun, meine Herren, Sie alle wissen, daß gerade diese Bezeichnung „reaktionär“, zu dem sich später das Schlagwort „Scharfmachertum“ hinzugesellte, auch jetzt noch zu den Hauptargumenten der Gegner des Centralverbandes Deutscher Industrieller gehört, und daß ihm auch heute noch, ebenso wie vor 37 Jahren, die abenteuerlichsten und wunderlichsten Absichten unterschoben werden. Dieses mag allerdings wohl zu einem gewissen Teile damit zusammenhängen, daß der Centralverband Deutscher Industrieller es stets als seine Pflicht erachtet hat, mit aller Entschiedenheit und Offenheit für seine Ziele und Aufgaben zu kämpfen, und daß er während seines langjährigen Bestehens konsequent an den Grundsätzen festgehalten hat, die er von Anfang an mit voller Zustimmung seiner Mitglieder in Vertretung der Interessen der deutschen Industrie in wirtschafts- und sozialpolitischer Hinsicht verfolgt hat, Eigenschaften, die sich allerdings nicht immer in gleicher Weise bei seinen Gegnern, mögen sie Einzelpersonen oder wirtschaftliche Verbände sein, vorfinden. (Sehr richtig!)

Von diesen Grundsätzen hat sich der Centralverband Deutscher Industrieller auch leiten lassen bei seiner Stellungnahme zu den großen Fragen, die im Laufe der verflossenen Berichtsperiode zur Erörterung standen und deren Lösung nicht nur für die Industrie allein, sondern weit darüber hinaus für unsere ganzen wirtschaftlichen und sozialen Verhältnisse, für unser gesamtes Staatsleben von dauernder Bedeutung sein wird.

Es gehört hierzu in allererster Linie die Verabschiedung der Wehr- und Deckungsvorlagen, die wohl ohne Zweifel während der ersten Hälfte dieses Jahres im Brennpunkt des Interesses aller Kreise und namentlich aller erwerbstätigen Kreise des deutschen Volkes gestanden haben. In welchem Maße durch diese letzte „Reichsfinanzreform" Handel und Industrie belastet worden sind, und welche Beurteilung die Art und Weise der Erledigung der Deckungsvorlagen im Parlament von seiten der Industrie zu erfahren hat, das sollte Ihnen, meine Herren, heute noch in einem besonderen Referate dargelegt werden. Dieses Referat muß indessen leider aus den vom Herrn Vorsitzenden bereits dargelegten Gründen ausfallen und ich sehe mich daher veranlaßt, mit einigen Worten auf die Angelegenheit einzugehen.

Der Centralverband Deutscher Industrieller hat von jeher auf dem Standpunkte gestanden und dieser Auffassung auch in wiederholten Entschließungen Ausdruck gegeben, daß auf der Leistungsfähigkeit und Schlagfertigkeit unserer Wehrkräfte zu Lande und zu Wasser unsere nationale Machtstellung, die politische wie die wirtschaftliche, beruht und daß die Sicherung dieser Machtfülle des Deutschen Reiches, die ihre starke Stütze findet in der treuen Bundesgenossenschaft, die uns mit unserem großen Nachbarreiche Oesterreich-Ungarn eint, die beste Bürgschaft für eine Erhaltung des Friedens ist. Aus diesem Grundgedanken heraus hat sich daher denn auch der Centralverband Deutscher Industrieller angesichts der offensichtlichen Notwendigkeit einer Verstärkung unserer militärischen Rüstung von Anfang an mit der Erhebung eines einmaligen Wehrbeitrages einverstanden erklärt, und trotz der außerordentlichen Belastung, die hiermit für die Industrie verbunden war, dem Vorschlage der Regierung in dieser Hinsicht zugestimmt. Auf der anderen Seite hat er aber — ich darf in dieser Hinsicht auf die eingehenden Verhandlungen des Ausschusses des Centralverbandes Deutscher Industrieller am 11. Juni d. J. verweisen — mit Nachdruck die schweren Bedenken hervorgehoben, denen die Beschlüsse der Budgetkommission des Reichstages in bezug auf die Ausgestaltung des Wehrbeitrages begegnen mußten, und hat eindringlichst davor gewarnt, durch eine ungerechte und übermäßige Belastung der Einzelwirtschaften die ganze weitere Entwickelung unserer deutschen Volkswirtschaft zu gefährden, die nun einmal auf dem Gedeihen dieser Einzelwirtschaften beruht. Diese Warnung hat leider bei den gesetzgebenden Körperschaften ebensowenig Beachtung gefunden, wie die weitere, von der einmaligen Besitzbesteuerung zu einer dauernden direkten Reichssteuer überzugehen und hierdurch die finanzielle und politische Selbständigkeit der Einzelstaaten zu untergraben.

Es ist das letztere wohl der verhängnisvollste Schritt, der mit der Verabschiedung des Gesetzes über eine Reichsvermögenszuwachssteuer getan worden ist und der uns leider erkennen läßt, daß die bewährte Steuer- und Finanzpolitik unseres größten deutschen Staatsmannes, des Altreichskanzlers Fürsten Bismarck, der den Grund zur Größe unserer ganzen Nationalwirtschaft gelegt hat, und der die Verteilung der Steuern zwischen dem Reiche und den Bundesstaaten stets in scharfer Abgrenzung zu halten wußte, von seinen Nachfolgern endgültig verlassen worden ist. (Sehr richtig!)

Diese Reichsvermögenszuwachssteuer ist von Männern, die wegen ihrer hervorragenden Stellungen im wirtschaftlichen Leben und wegen ihrer reichen praktischen Erfahrungen wohl zu maßgebendem Urteil berufen sind, als eine „steuerliche Mißgeburt schlimmster Sorte" gekennzeichnet worden, und welche schwerwiegenden Folgen sie für die einzelstaatlichen Steuersysteme nach sich ziehen wird, das ist kürzlich für das Königreich Sachsen in einem sehr bemerkenswerten Artikel der Dresdener Zeitschrift „Das Vaterland" dargelegt worden.

Wenn daher nach Beendigung des Kampfes um die Deckung der Kosten der Heeresvermehrung von einzelnen Abgeordneten behauptet worden ist, „es gebe weder Sieger noch Besiegte", so haben diese Abgeordneten offenbar übersehen, daß eine Partei es nicht an Ausrufen triumphierender Genugtuung über diese gesetzgeberische Tat hat fehlen lassen: Die sozialdemokratische Partei. Von dieser Seite ist die neue Besitzsteuer klar und bündig als der alleinige Erfolg der „Genossen" bezeichnet worden, die, wie es im „Vorwärts" am 26. Juni d. J. hieß, die Regierung gezwungen hätten, dem Willen der sozialdemokratischen Wähler zu folgen, und die auch weiter dafür Sorge tragen würden, daß man auf diesem Wege bis zum Ziele fortschreite.

Dieses Ziel der sozialdemokratischen Partei, „die völlige und unmittelbare Vermögenskonfiskation", mag nun zwar trotz der beachtenswerten Tatsache, daß der demnächst zur Erhebung gelangende Wehrbeitrag von rund 1 Milliarde Mark nach den eigenen Berechnungen des Reichsschatzamts bei einer Gesamtbevölkerung des Deutschen Reiches von 66½ Millionen Seelen nur von etwa 480 000 Steuerträgern aufzubringen ist (hört, hört!), wohl noch in ziemlich weiter Ferne liegen; aber sozialistische Ideen sind in dem Gesetze über die Reichsvermögenszuwachssteuer bereits insoweit verwirklicht worden, als durch dieses Gesetz in allererster Linie diejenigen betroffen werden, die es durch geschäftliche Regsamkeit und Tüchtigkeit, durch wirtschaftlichen Spartrieb zu Erfolgen über das gewöhnliche Maß hinaus gebracht haben. Ein solches Ergebnis läßt daher denn auch die tiefgehende Verbitterung verständlich erscheinen, die in den weitesten Kreisen des gewerblichen Unternehmertums über die neueste gesetzgeberische Leistung des Deutschen Reichstages herrscht, wobei zudem noch große Zweifel auftauchen, ob die hinsichtlich des finanziellen Erfolges der Zuwachssteuer gehegten Erwartungen sich überhaupt erfüllen werden. Denn bei einer längeren Andauer der unverkennbar sich bemerkbar machenden rückläufigen Wirtschaftskonjunktur könnte doch leicht bei der Veranlagung dieser Steuer sich der Fall wiederholen, der sich in früheren Jahren schlechten Geschäftsganges einmal zwischen der Steuerbehörde und dem Leiter eines größeren Bankinstituts abspielte. Es wurde hierbei dem letzteren von der Behörde auf seine Steuererklärung zurückgeschrieben: „Wir vermissen den Gewinn aus Konjunkturgeschäften," worauf der Steuerpflichtige sehr treffend und prompt erwiderte: „Ich leider auch." (Lebhafte Heiterkeit.)

Meine Herren! Bisher glaubte die Industrie, und das ist noch im vorigen Jahre von mir in meinem Geschäftsberichte ausdrücklich hervorgehoben worden, daß sie gegenüber den ins Unverständige gehenden Bestrebungen sozialistischer Agitatoren und Parteipolitiker auf das bessere Verständnis der verbündeten Regierungen für die Anforderungen des praktischen Lebens, auf deren gerechtere Würdigung der Interessen aller an unserem Wirtschaftsleben beteiligten Faktoren würde rechnen können. Aus den verschiedensten Kundgebungen der letzten Zeit geht indessen hervor, daß dieses Vertrauen in weiten Kreisen der Industrie stark erschüttert ist, da es leider eine unverkennbare Tatsache ist, daß die Regierung bei den Kämpfen um die Erledigung der Wehrvorlagen gegenüber dem parlamentarischen Mehrheitswillen ohne Kampf die Waffen gestreckt und die Souveränität des Reiches einem Parlamente preisgegeben hat, das schon jetzt fast völlig unter der Herrschaft der Masse steht. (Zuruf: Leider!)

Wie sehr das letztere der Fall ist, hat sich in der verflossenen Session des Deutschen Reichstages mehrfach gezeigt, und zwar besonders deutlich sowohl bei den Eingriffen des Reichstages in die Zuständigkeit der Militärverwaltung, als vor allem bei den Angriffen des Abgeordneten Liebknecht auf die Firma Krupp.

Es ist nicht meines Amtes, hier als Wortführer der Firma Krupp, deren Name mit den deutschen Siegen 1866 und 1870/71 ebenso innig verflochten ist, wie der Name Moltkes, und deren überragende nationale Bedeutung über jeden Zweifel erhaben ist (sehr richtig!), aufzutreten: aber darauf möchte ich doch die Aufmerksamkeit weiterer Kreise der Industrie lenken, daß es sich bei diesen Angriffen um einen grundsätzlichen Kampf der Gegner unserer ganzen bestehenden Gesellschafts- und Wirtschaftsordnung, der Sozialdemokratie, gegen den von der Kruppschen Werkgemeinschaft ein Jahrhundert hindurch gewahrten Grundsatz der Autorität des Arbeitgebers in seinem Betriebe handelt, und daß die hetzerische Wühlarbeit des „Genossen" Liebknecht, der, selbst wegen Hochverrats vorbestraft, eine „Panama" aufgedeckt zu haben behauptete, nur eine einzelne Phase dieses Kampfes ist. (Sehr richtig!)

Eine monarchisch geordnete Organisation, wie sie die Kruppschen Werke darstellen, wird, ohne jede Rücksicht auf die gerade von dieser Firma mit bedeutenden Mitteln für die Arbeiterschaft geschaffenen Wohlfahrts- und sozialen Mustereinrichtungen, der Sozialdemokratie und ihren Freunden stets in gleicher Weise ein Dorn im Auge sein, wie die Monarchie im Staatswesen, und ihr ganzer Kampf richtet sich ebenso auf die Beseitigung dieser monarchischen Arbeitsverfassung wie auf die Untergrabung der Autorität in allen großindustriellen Betrieben überhaupt.

Schon bei Gelegenheit der Jubelfeier der Firma Krupp im vorigen Jahre, als der Abgeordnete Liebknecht seine „unterirdischen" Geheimnisse noch gar nicht in Empfang genommen hatte, wies in der Festrede der Vorsitzende des Direktoriums der Firma Krupp darauf hin, daß mancher der Kruppschen Werkgemeinschaft, die in der Arbeit für des Reiches Wehrhaftigkeit und Sicherheit stets ihre höchste Ehre, aber auch ihre höchste Verantwortung erblickt habe, „gerne so oder so einen Makel anheften" möchte, und die sozialdemokratischen Blätter ließen es sich schon damals nicht entgehen, ihren Haß gegen diese industrielle Großmacht offenkundig zum Ausdruck zu bringen.

Aus dieser grimmigen Gegnerschaft heraus erklärt sich denn allein schon zur Genüge der Vorstoß des Abgeordneten Liebknecht, der, ohne das Ergebnis des bereits eingeleiteten Verfahrens abzuwarten, die schwersten Beschuldigungen von der Tribüne des Reichstages herab erhob.

Es liegt mir selbstverständlich in jeder Hinsicht fern, und ich möchte den Eindruck vermieden sehen, als ob ich an diesem, demnächst erst zum Abschluß kommenden Verfahren zurzeit irgendwie Kritik üben oder etwa gar einer Schmälerung des bei uns geltenden Legalitätsprinzips das Wort reden wollte. Aber gerade deshalb, weil kein Volk der Erde festere Rechtsbegriffe hat, wie das deutsche, sollte man sich davor hüten, in doktrinärer Begriffsspalterei geringfügige Verfehlungen untergeordneter Beamter zu schweren Rechtsverletzungen der leitenden Persönlichkeiten und der Firmeninhaber zu stempeln (sehr gut!), oder aus nervöser Furchtsamkeit vor den Massen durch Sensationsprozesse das Ansehen der gesamten deutschen Industrie, namentlich dem Auslande gegenüber, aufs Spiel zu setzen. (Lebhaftes Sehr richtig!)

Die fortschreitende Demokratisierung des Volkes, der wachsende Druck der Massen auf die Staatsleitung sind Begleiterscheinungen des schweren sozialen Kampfes der Gegenwart, die nur dann in den richtigen Bahnen gehalten werden können, wenn die staatlichen Behörden dieser Entwickelung feste Schranken zu ziehen wissen und sich zur rechten Zeit bewußt werden, daß in ihnen der Staatsgedanke verkörpert und vertreten wird, und daß der Staat Macht ist. (Sehr richtig!)

Eine solche Betätigung der Macht durch Verstärkung der staatlichen Schutzmittel hat erst jüngst der deutsche Handwerks- und Gewerbekammertag gefordert, indem er auf seinem letzten Verbandstage in Halle a. S. in einer einmütig gefaßten Resolution positive Gesetzesvorschriften zum Schutze der Arbeitswilligen verlangte. Es ist das die gleiche Forderung, die angesichts der immer drohender werdenden Gestaltung der Arbeitskämpfe und des immer rücksichtsloseren Machtgebrauchs der Streikgewerkschaften vom Centralverband Deutscher Industrieller nunmehr seit Jahren erhoben und in der Sitzung des Ausschusses am 1. Februar d. J. nochmals in eingehenden Darlegungen begründet worden ist. Um so bedauerlicher ist es, daß sich die zuständigen Reichsbehörden in Berlin diesem Verlangen gegenüber so wenig zu einem entschiedenen Vorgehen entschließen können, und es gebührt daher denjenigen Einzelstaaten besonderer Dank, die in bestimmten Erklärungen ihr Eintreten für eine solche einmütige Forderung der Industrie und des gewerblichen Mittelstandes in Aussicht gestellt haben. Es ist dieses in erster Linie von seiten der Königlich Sächsischen Staatsregierung geschehen (bravo!), und ich glaube mich aus diesem Grunde Ihrer Zustimmung versichert halten zu dürfen, wenn ich hier in des Königreichs Sachsen Handesmetropole der Königlich Sächsischen Staatsregierung für ihre bisherige Stellungnahme zu der Frage eines verstärkten Schutzes der Arbeitswilligen den Dank der im Centralverband Deutscher Industrieller vereinigten Industriellen ausspreche. (Lebhaftes Bravo!)

Von seiten des industriellen Unternehmertums ist es wohl ohne Zweifel mit besonderer Genugtuung begrüßt worden, daß gerade auch der gewerbliche Mittelstand sich in dieser Frage den Forderungen der Industrie angeschlossen hat und daß sich Industrie und Handwerk somit völlig eins wissen. In beiden Berufsständen herrscht die Ueberzeugung, daß es sich hier um gemeinsame Lebensinteressen und gemeinsame Lebensvoraussetzungen handelt, und ich habe bereits auf der letzten großen Hauptversammlung des Reichsdeutschen Mittelstandsverbandes in Leipzig am 24. August d. J. der Ansicht Ausdruck gegeben, daß die gleiche Gemeinsamkeit ihrer Interessen Handwerk und Industrie auch auf anderen Gebieten unseres Wirtschaftslebens ebenfalls zusammenführen wird.

Diese Bekundung hat wiederum einmal Anlaß gegeben, gegen den Centralverband Deutscher Industrieller die schwersten Verdächtigungen auszusprechen, und ihn, da auch die Landwirtschaft sich in ähnlichem Sinne geäußert hat, gewissermaßen als „Vasallen" des Bundes der Landwirte hinzustellen. Es ist auf das „Geheimnisvolle" der Umtriebe des Centralverbandes Deutscher Industrieller hingewiesen und ihm angedichtet worden, daß er, wie der Reichsdeutsche Mittelstandsverband, dem Bunde der Landwirte in seiner politischen Arbeit Gefolgschaft zu leisten, den sogenannten lückenlosen Zolltarif zu propagieren beabsichtige und dergleichen mehr.

Diese ganzen Verdächtigungen, deren Verbreitung sich naturgemäß alle demokratischen und sozialdemokratischen Blätter ganz besonders haben angelegen sein lassen, sind derart haltlos und zeigen einen solchen Mangel an Ehrlichkeit, ja, ich scheue mich nicht zu sagen, einen solchen Tiefstand, daß sie eigentlich jenseits der Grenze einer jeden Diskussion liegen. Leider hat aber auch der Bund der Industriellen sich an diesen Angriffen lebhaft beteiligt und hiermit in sehr eigenartiger Weise die Aufrichtigkeit seines letzthin mehrfach bekundeten Willens, ein freundschaftlicheres Verhältnis zum Centralverband Deutscher Industrieller anzubahnen, dargetan. Ich bin daher zu meinem Bedauern genötigt, auf die ganzen Vorgänge etwas näher eingehen zu müssen.

In aller Oeffentlichkeit ist auf dem zweiten westdeutschen Mittelstandstage zu Essen am 18. Mai dieses Jahres, dem Abgeordnete mehrerer bürgerlicher Parteien des Reichstages beigewohnt haben, von den Vertretern der Handelskammer zu Essen und dem Vertreter des Centralverbandes Deutscher Industrieller auf die gemeinsamen Interessen von Großindustrie und Handwerk und die Möglichkeiten ihrer Wahrnehmung und Pflege hingewiesen worden. Im Anschluß hieran hat alsdann Anfang Juli dieses Jahres zwischen Mitgliedern des Reichsdeutschen Mittelstandsverbandes und dem Geschäftsführer des Centralverbandes Deutscher Industrieller eine Besprechung stattgefunden, an der auf Veranlassung des Reichsdeutschen Mittelstandsverbandes auch Vertreter des Bundes der Landwirte und der Vereinigung christlicher deutscher Bauernvereine teilnahmen, um zu der Frage Stellung zu nehmen, inwieweit eine Gemeinsamkeit wirtschaftlicher Interessen zwischen Handwerk, Industrie und Landwirtschaft vorhanden sei und wie diese Interessen durch eine Gemeinschaftsarbeit gefördert werden könnten.

Die Frage einer solchen Gemeinschaftsarbeit ist nunmehr auf der Tagung des Reichsdeutschen Mittelstandsverbandes am 24. August d. J. in Leipzig Gegenstand eines besonderen Referates gewesen, und in der sich an dieses Referat anschließenden Diskussion wurde von mir als Gast der Versammlung, unter Hervorhebung der gemeinsamen Lebensinteressen von Industrie, Handwerk und Landwirtschaft die Notwendigkeit eines Zusammenstehens dieser drei Berufsstände in allen grundsätzlichen Fragen unserer Wirtschafts- und Sozialpolitik betont. (Sehr richtig!) Zu diesen grundsätzlichen Fragen rechnete ich die Aufrechterhaltung der bestehenden Wirtschafts- und Gesellschaftsordnung, eine weise Beschränkung der sozialpolitischen Gesetzgebung und eine Verstärkung des Schutzes aller erwerbstätigen Kreise gegen Wirtschaftsstörung durch Boykott und Streiks, und gab der Genugtuung darüber Ausdruck, daß auch der gewerbliche Mittelstand die Förderung dieser Ziele durch eine friedliche Gemeinschaftsarbeit zu seinem Programm erhoben habe. (Bravo!)

Während der ganzen Tagung ist weder von einer „Interessengemeinschaft“, noch von einem „Kartell“ oder von der Art eines organisatorischen Ausbaues des Gedankens der Gemeinschaftsarbeit überhaupt die Rede gewesen; es ist vielmehr besonderer Nachdruck von mir auf die Erhaltung der vollen Unabhängigkeit und Selbständigkeit der einzelnen Gruppen gelegt worden, so daß alle gegenteiligen Behauptungen haltlose Kombinationen und Erfindungen sind.

Wenn man lediglich aus der Tatsache, daß zwei Vertreter verschiedener Interessengruppen auf einer Tagung sich in übereinstimmendem Sinne geäußert und die gleiche Zustimmung der Teilnehmer gefunden haben, den Schluß auf eine „Verbrüderung" ziehen oder daraus folgern will, daß — wie es der Hansabund in seiner Erklärung zu dieser Angelegenheit tut — der eine Verband zu einem „abhängigen Gebilde" des anderen Verbandes geworden ist, dann würde an einer „Interessengemeinschaft" des Hansabundes und des Bundes der Industriellen mit Freihändlern und Sozialisten wohl kaum noch ein Zweifel bestehen. (Lebhaftes Sehr richtig!) Denn auf dem Zweiten Deutschen Hansatage am 17. November v. J. hat nach einer Rede des Herrn Dr. Stresemann, des Präsidialmitgliedes des Hansabundes und des Bundes der Industriellen, der bekannte Freihändler und Sozialist Dr. Friedrich Naumann unter dem Beifall aller Anwesenden Erklärungen abgegeben, wie sie demagogischer und radikaler nicht gehalten werden konnten (Sehr richtig!), und in denen der feste Zusammenschluß aller derjenigen, die heute „links" stehen, mit Nachdruck gefordert wird. (Hört, hört!)

Diese Reminiszenz dürfte wohl angebracht sein, wenn man gegenwärtig aus der Sympathieerklärung eines Vertreters des Bundes der Landwirte und des Geschäftsführers des Centralverbandes Deutscher Industrieller für eine wirtschaftliche Gemeinschaftsarbeit, der im übrigen auch der Vertreter der 700 000 Mitglieder umfassenden christlichen Bauernvereine vollauf beitrat, Folgerungen auf „politische" Ambitionen herleiten will. Es ist in der Tat, wie der Herr Referent auf der Tagung des Reichsdeutschen Mittelstandsverbandes sehr zutreffend am Schlusse seiner Ausführungen bemerkte, ein beklagenswertes Zeichen der Zeit, daß eine jede, rein wirtschaftliche Ziele verfolgende Bewegung bei uns in Deutschland von vielen Kreisen nur vom Standpunkte engherzigster Parteipolitik betrachtet und bekämpft wird, und es entsteht mit Recht die Frage, ob wir im Deutschen Reiche schon soweit gekommen sind, daß sich ein Vertreter einer industriellen Körperschaft überhaupt nicht mehr mit einem Vertreter der Landwirtschaft — und, meine Herren, gegen die Landwirtschaft als solche, nicht gegen den Bund der Landwirte geht der Kampf — zur Erörterung wirtschaftlicher Fragen an einen Tisch setzen darf, ohne daß gerade von denjenigen, die sonst, wenigstens der Oeffentlichkeit gegenüber, den Ausgleich der wirtschaftlichen Gegensätze stets als ihr Ziel und ihre Richtlinien hinzustellen pflegen, hieran Verdächtigungen jedweder Art geknüpft werden. (Sehr richtig!)

Der Vorsitzende des Bundes der Industriellen, Herr Kommerzienrat Friedrichs, hat vor wenigen Tagen auf der Generalversammlung des Bundes die Erklärung abgegeben, daß eine Organisation, wie der Bund der Landwirte und demnach doch auch der Centralverband Deutscher Industrieller, der nach seinen Ausführungen mit dem Bunde der Landwirte „Seite an Seite marschiert", sich mit ihm „verbündet" hat, für alle Industriellen „nie und nimmer bündnisfähig" seien. Es würde in weiten Kreisen der Industrie wohl mit besonderer Genugtuung begrüßt worden sein, wenn Herr Kommerzienrat Friedrichs sich auch darüber ausgelassen hätte, ob denn die Bündnisfähigkeit der Demokraten und Freihändler vom Schlage des „Berliner Tageblattes", der „Frankfurter Zeitung", der „Freisinnigen Zeitung", ja selbst des „Vorwärts", die gegenwärtig „Seite an Seite mit dem Bunde der Industriellen marschieren", für ihn über jeden Zweifel erhaben ist und ob ein solches Bündnis von ihm als den Interessen der Industrie entsprechend angesehen wird. (Lebhaftes Sehr richtig!)

Und es würde ferner sehr viel zur Klärung der Sachlage und zu der vom Centralverbande Deutscher Industrieller in der gleichen Weise gewünschten Annäherung der beiden industriellen Verbände beigetragen haben, wenn Herr Kommerzienrat Friedrichs die eminent praktische Frage, ob der Bund, wie es kürzlich erst wieder in einem Artikel der „Vossischen Zeitung" von einem freisinnigen Abgeordneten als ganz selbstverständlich angenommen wurde, gewillt ist, für den Abbau der Schutzzölle einzutreten, nicht mit einer kurzen Handbewegung als „theoretische Erörterung" abgetan, sondern klar und bündig beantwortet hätte (sehr richtig!), und wenn er sich offen dazu bekannt haben würde, daß der Bund der Industriellen die Sozialdemokratie und ihre Anhänger als die grimmigsten Gegner unserer ganzen bestehenden Gesellschafts- und Wirtschaftsordnung und damit auch der Industrie ebenso zu bekämpfen, für seine Pflicht hält, wie der Centralverband Deutscher Industrieller. (Bravo!)

Es darf bei dieser Gelegenheit daran erinnert werden, daß es der Centralverband Deutscher Industrieller gewesen ist, der Anfang der 90er Jahre die Initiative zur Bildung des „Wirtschaftlichen Ausschusses zur Vorbereitung und Begutachtung handelspolitischer Maßnahmen" ergriffen hat, in der Erkenntnis der Notwendigkeit einer Verständigung von Industrie, Handel und Landwirtschaft in allen handels- und zollpolitischen Fragen, und daß es auch damals der Ueberwindung mannigfacher Schwierigkeiten bedurfte, bis unter tätiger Mitwirkung des Finanzministers Dr.

Miquel und des Staatssekretärs Grafen von Posadowsky zwischen den Vertretern der Landwirtschaft, des Handels und der Industrie eine Einigung über die grundsätzlichen Fragen einer Gemeinschaftsarbeit erzielt werden konnte.

Um so bedauerlicher ist es, daß gegenwärtig unter Hintansetzung aller größeren Gesichtspunkte, lediglich aus Gründen kleinlichen Eigennutzes und eigenster Privatinteressen, so viele Mächte am Werke sind, um die verschiedenen Erwerbsstände in der wechselseitigen Achtung ihrer Lebensinteressen immer weiter voneinander zu entfernen und das Verständnis für die Notwendigkeit des Zusammengehens unserer maßgebenden Berufsstände, von Handwerk, Industrie und Landwirtschaft, immer mehr zu erschweren.

Der Centralverband Deutscher Industrieller weiß ebensogut, wie der Bund der Industriellen, daß mit Rücksicht auf die von einzelnen Vertretern der Landwirtschaft aufgestellten extremen und unberechtigten Forderungen die Industrie mehr denn je genötigt ist, ihren Lebensinteressen nachdrücklichst Geltung zu verschaffen, und es ist daher denn auch in dem Ihnen zur Annahme vorliegenden Beschlußantrage von neuem die Erklärung abgegeben, daß der Centralverband Deutscher Industrieller nicht in der Lage sein wird, einer weiteren Erhöhung der Lebensmittelzölle oder dem sogenannten „lückenlosen" Zolltarif zuzustimmen. Auf der anderen Seite ist sich aber der Centralverband Deutscher Industrieller in gleicher Weise bewußt, daß die stärksten Wurzeln unserer Industrie in einem aufnahmefähigen Inlandsmarkte ruhen, und daß es nur im eigensten Interesse der Industrie selbst liegt, wenn der Inlandsmarkt möglichste Sicherung erfährt. (Sehr richtig!) Aus diesem Grunde wird der Centralverband Deutscher Industrieller, wie er es von jeher getan, auch in Zukunft bestrebt sein, mit der Landwirtschaft, und hier darf ich betonen, daß man sehr wohl zwischen der Landwirtschaft und dem Bunde der Landwirte zu scheiden vermag, auf dem Boden einer von wechselseitiger Gleichberechtigung getragenen Wirtschaftspolitik zusammenzustehen, und er erblickt in dem Zusammenhalten der Landwirtschaft und der Industrie zum Schutze der nationalen Arbeit nach wie vor eines seiner hauptsächlichsten wirtschafts- und handelspolitischen Ziele. (Bravo!) Wenn er diese Bestrebungen nunmehr auch im Sinne einer friedlichen Gemeinschaftsarbeit auf ein Zusammengehen mit dem Handwerk, mit dem gewerblichen Mittelstande, ausdehnt, so darf wohl die Hoffnung ausgesprochen werden, daß auch hierzu alle Kreise des Centralverbandes Deutscher Industrieller ihre Zustimmung zu geben bereit sind. (Bravo!)

Wie dringend notwendig ein solches Zusammenhalten unserer drei großen Erwerbsgruppen gerade unter den gegenwärtigen Zeitläuften erscheinen muß, das zeigen zur Genüge die Erörterungen, die letzthin innerhalb der radikal-sozialistischen Kreise in bezug auf die Inszenierung eines politischen General- und Massenstreiks gepflogen worden sind und noch gepflogen werden. Es ist der schon vorher von mir in wenig erfreulichem Zusammenhange erwähnte Abgeordnete Dr. Liebknecht gewesen, der sich Anfang Juli dieses Jahres in einer öffentlichen Versammlung zu diesem Thema folgendermaßen äußerte: „Mit großer Angst betrachten die Regierenden den Eintritt von immer mehr und besser geschulten Sozialdemokraten in das Heer, das Steigen des rebellischen Geistes in dem Beamtenheer. Der Massen- oder Generalstreik ist uns da als eine Heilsbotschaft erschienen . . . Die Sozialdemokratie ist sich dahin einig geworden, ihn anzuwenden."

Es mag dahingestellt bleiben, ob und inwieweit diese Bestrebungen in naher oder späterer Zukunft von Erfolg begleitet sein werden; sie zeigen aber mit aller Deutlichkeit das nächste Ziel der Führer der Sozialdemokraten, und wenn es noch eines Beweises dafür bedurft hätte, wie leicht infolge der maßlosen Verhetzung der Arbeiterschaft diese zum Eintritt in einen Streik geneigt ist, dann ist dieser Beweis wohl erbracht worden durch die Vorgänge beim Hamburger Werftarbeiterstreik und durch seine Begleiterscheinungen in den übrigen deutschen Seestädten. (Sehr richtig!)

Noch während die Arbeiterführer, denen die von den Schiffswerften gemachten Zugeständnisse nicht genügten, in Verhandlungen mit den Werftbesitzern begriffen waren, wurde von den Arbeitern auf fast allen Werften der Unterweser und der Elbe sowie auch an der Ostsee die Arbeit gegen den Willen der Gewerkschaftsvorstände niedergelegt. Die Folge dieses eigenmächtigen Vorgehens der Arbeitermassen war neben der Verweigerung der Streikunterstützung die Nichtanerkennung dieses „wilden" Streiks seitens der Gewerkschaftsleiter, und dieser Beschluß ist auch auf der anfangs August in Berlin abgehaltenen außerordentlichen Hauptversammlung des Deutschen Metallarbeiterverbandes insoweit aufrechterhalten worden, als die Haltung der Werftarbeiter gemißbilligt und von ihnen die Beendigung des Lohnkampfes verlangt wurde. Trotz dieses Beschlusses, der nur unter dem heftigsten Widerstande der Versammlung zustande kommen konnte, muß man dennoch, insbesondere mit Rücksicht darauf, daß die nachträgliche Gewährung von Streikunterstützung an die arbeitslosen Gewerkschaftsmitglieder zugesagt wurde, als Ergebnis des Streiks feststellen, daß in diesem Kampfe die moderne gewerkschaftliche Streiktaktik eine schwere Niederlage erlitten hat, und daß nicht die Organisation, sondern die Herrschaft der Masse den Sieg davongetragen hat.

Es hat sich gezeigt, daß die Organisationsleiter wohl imstande sind, die Massen zu verhetzen, aber daß sie nicht befähigt sind, sie nach ihrem Willen zu lenken, und wenn unsere Kathedersozialisten und Sozialideologen bei ihrer Beurteilung von Arbeiterbewegungen immer von der Voraussetzung ausgegangen sind, daß die Führer der Massen die Lohnarbeiterschaft fest am Zügel hätten, und daß die sozialdemokratischen Gewerkschaften die berufenen Vertretungen der Arbeiterschaft seien, so ist durch den Verlauf des Hamburger Werftarbeiterstreiks über diese kathedersozialistische Irrlehre ein Urteil gesprochen worden, wie es vernichtender nicht ausfallen konnte. (Sehr richtig!) Gegenüber allen Verschleierungen der tatsächlichen Vorgänge ergibt sich aus dem diesjährigen „wilden" Werftarbeiterstreik die unwiderlegliche Lehre, daß auf dem Wege kollektiver Vertragsabschlüsse mit den Gewerkschaften niemals der Friede auf dem Arbeitsmarkte gewährleistet werden kann. (Lebhaftes Sehr richtig!)

Dieses ist die taktische Bedeutung des Hamburger Werftarbeiterstreiks, und gerade diese ist in der Oeffentlichkeit derart bewertet worden, daß im Vergleich zu ihr die sachliche Berechtigung der erhobenen Arbeiterforderungen fast völlig in den Hintergrund trat. Und doch darf in dieser Hinsicht wohl darauf verwiesen werden, daß, wenn die Forderungen der Arbeiter auf Erhöhung des Stundenlohnes und vor allem auf Herabsetzung der wöchentlichen Arbeitszeit bewilligt worden wären, die Ausgaben der Werften zu so außerordentlicher Höhe angewachsen wären, daß z. B. die Werft Blohm & Voß rund 1 300 000 M. an Arbeitslöhnen jährlich mehr zu zahlen gehabt hätte (hört, hört!), ein Betrag, der wieder einmal beweist, mit welcher enormen Erhöhung der Selbstkosten unsere Industrie nicht nur im Falle weiterer Lohnsteigerungen, sondern vor allem auch im Falle einer weiteren Verkürzung der Arbeitszeit zu rechnen hat.

Diese Tatsache sollte doch etwas mehr Beachtung finden und sie sollte vor allem von seiten der Regierung nicht nur bei der Erörterung über die gesetzliche Einführung des Achtstundentages in der deutschen Großeisenindustrie, sondern auch bei den Verhandlungen, die gerade jetzt in Bern auf der Internationalen Staatenkonferenz für Arbeiterschutz über das Verbot der industriellen Nachtarbeit der jugendlichen Arbeiter bis zum vollendeten 18. Lebensjahre und über die gesetzliche Beschränkung der Ueberarbeit stattfinden, in Berücksichtigung gezogen werden.

Zu welchen schwerwiegenden Folgen die Einführung der Achtstundenschicht in den Betrieben der Großeisenindustrie führen würde, das ergibt sich daraus, daß nach einer genauen Betriebsaufnahme der in ein und zwei Schichten tätigen Arbeiter auf den preußischen und einer sich darauf gründenden Schätzung in den außerpreußischen Betrieben die Zahl der alsdann mehr einzustellenden Arbeiter mindestens 85 bis 90 000 beträgt, für welche bei Annahme eines durchschnittlichen Jahresverdienstes von nur 1400 M. eine Lohnsumme von jährlich 119 Millionen Mark erforderlich sein würde (hört, hört!), und was das Verbot der industriellen Nachtarbeit für jugendliche Arbeiter bis zum vollendeten 18. Lebensjahre anbetrifft, so wird der im Falle eines solchen Verbots für die Betriebe der Großeisenindustrie entstehende Ausfall an Arbeitskräften vom Verein Deutscher Eisen- und Stahlindustrieller auf über 20 000 Mann geschätzt. Diese Zahlen beweisen, wie überaus berechtigt die Bedenken sind, die von der Großeisenindustrie als eines der wichtigsten Zweige unserer ganzen vaterländischen Industrie gegen die von der Internationalen Vereinigung für Arbeiterschutz erstrebten gesetzlichen Maßnahmen erhoben werden. Diese Bedenken sind aber um so begründeter, als es eine in dem Verhandlungsberichte des Komitees dieser Vereinigung selbst anerkannte Tatsache ist, daß die internationalen Abmachungen über Jugendlichenschutz in anderen Ländern sehr viel mangelhafter erfüllt werden als bei uns.

Während bei uns in Deutschland alle derartigen Vorschriften, sobald sie zwingenden Charakter haben, mit bureaukratischer Genauigkeit und Gewissenhaftigkeit durchgeführt werden, und es eine Umgehung der Gesetze nicht gibt, ist in den meisten Staaten des Auslandes die Handhabung der gesetzlichen Bestimmungen eine sehr viel freiere, und es gilt hier vielfach das Wort „Il y a des arrangements avec le ciel", also auch ganz gewiß mit der Polizei. (Heiterkeit.)

Dieser unterschiedlichen Auffassung kann bei allen sozialpolitischen Maßnahmen, die irgendwie auf das Verhältnis unserer deutschen Industrie zur ausländischen von Einfluß sind, nicht genügend Rechnung getragen werden, und es darf daher die Erwartung ausgesprochen werden, daß gerade dieser Umstand auch bei der Stellungnahme unserer verbündeten Regierungen zu einer weiteren internationalen Regelung des Jugendlichenschutzes volle Beachtung finden wird. Die verbündeten Regierungen würden hiermit allerdings kaum den Beifall derjenigen Sozialreformer finden, die es bereits jetzt als ganz selbstverständlich bezeichnet haben, daß Regierung und Reichstag sich der Aufforderung zur gesetzlichen Festlegung dieser Schutzmaßnahmen fügen werden, und die auch heute noch, mehr wie je, sich von dem Grundsatze leiten lassen, daß die Kultur der Nationen sich nach der Kürze ihres Arbeitstages bemißt.

Dieser sozialistische Grundsatz führt letzten Endes doch zu dem Schlusse, daß die höchste Gesittung nur aus der vollkommenen Faulheit erblühe (Lebhaftes Sehr richtig! Heiterkeit), und er steht in unlöslichem Widerspruche mit der geschichtlichen Tatsache, daß nur diejenigen Völker stark und mächtig geworden und auch geblieben sind, die sich von dem Glauben leiten ließen, daß die erste wirtschaftliche Tugend einer Nation der nachhaltige Ernst der Arbeit sei. (Sehr richtig! Sehr wahr!)

Es gibt wohl in der Gegenwart unter den führenden Persönlichkeiten der deutschen Industrie niemand, der dem Lohnarbeiter das gute Recht bestreiten wollte, eine Bemessung der Arbeitszeit dahin zu verlangen, daß seine Gesundheit keinen Schaden erleide und daß ihm die zu seiner Erholung erforderliche Zeit und Muße vergönnt werde: Aber, was gegenwärtig auf dem Gebiete der Sozialpolitik von den Sozialfanatikern für Arbeiter und Angestellte gefordert wird, das läßt in der Tat ein jedes Verständnis für und ein jedes tiefere Eindringen in die Zusammenhänge der Volkswirtschaft vermissen, und es ist bedauerlich, daß dieses mangelnde Verständnis auch bereits beim Deutschen Reichstage als so selbstverständlich angenommen wird, daß die „Soziale Praxis" vor einiger Zeit schreiben durfte: „Von diesem Reichstage brauchen wir nicht zu besorgen, daß er die Sozialpolitik auf ihren besonderen Ackergebieten verkümmern lassen werde." (Hört, hört!)

Ein gewisses Recht zu dieser Annahme mag ja allerdings die erwähnte Zeitschrift wohl gehabt haben, wenn man berücksichtigt, welche Umgestaltung z. B. der Entwurf eines Gesetzes betr. Aenderung des Handelsgesetzbuches (sog. Konkurrenzklausel) in der Kommission des Reichstages erfahren hat. Es ist nicht nur der Betrag der Karenzentschädigung erhöht, die Befreiung des Prinzipals von der Entschädigungszahlung ganz wesentlich eingeschränkt und bestimmt worden, daß die Konkurrenzklausel erst bei Kündigung des Dienstverhältnisses durch den Gehilfen ihre volle Wirkung äußert, sondern es ist auch eine Vorschrift eingefügt worden, nach welcher die Konkurrenzklausel unter Umständen als eine Garantie für eine angemessene Gehaltserhöhung wirken muß; und das alles, obgleich in einer vom Centralverband Deutscher Industrieller und dem Verein zur Wahrung der Interessen der chemischen Industrie Deutschlands am 1. Februar d. J. zu Berlin abgehaltenen Versammlung den anwesenden Mitgliedern der Reichstagskommission an der Hand zahlreicher Einzelfälle der Nachweis erbracht worden war, welche berechtigten Interessen die Arbeitgeber den von den Organisationen der Handlungsgehilfen erhobenen Forderungen entgegenzustellen hätten.

Es ist wohl nicht verwunderlich, wenn unter solchen Umständen und vor allem auch in Berücksichtigung der Tatsache, daß gerade Angehörige derjenigen bürgerlichen Parteien, die sich mit Vorliebe als die Vertreter industrieller Interessen zu bezeichnen pflegen, es bei der Beratung dieses Gesetzentwurfs an jeder Rücksichtnahme auf die begründeten Wünsche der Industrie haben fehlen lassen, die Erbitterung des industriellen Unternehmertums über eine solche, lediglich auf die Gunst der Massen abzielende Politik eine immer schärfere Form annimmt, und wenn es innerhalb der beteiligten Kreise nur mit sehr gemischten Gefühlen begrüßt worden ist, daß die Regierung anscheinend beabsichtigt, dem derzeitigen Reichstage in dieser Session auch noch den bereits veröffentlichten Entwurf eines neuen Patentgesetzes zur Beschlußfassung zu unterbreiten.

In welcher Weise und nach welcher Richtung hin die Industrie an diesem Entwurf Kritik zu üben gezwungen ist, das wird den Mitgliedern des Centralverbandes Deutscher Industrieller in einer besonderen Denkschrift demnächst mitgeteilt werden, nachdem vorgestern und gestern der erweiterte Patentausschuß des Centralverbandes Deutscher Industrieller in eingehenden Beratungen sich mit der Materie beschäftigt hat. Hervorheben möchte ich nur, daß auch in bezug auf die Ausgestaltung dieses Gesetzentwurfes durch den Reichstag von den Vertretern der Angestelltenorganisationen die weitestgehenden Erwartungen gehegt werden, denen auch hier wieder die „Soziale Praxis" mit den Worten Ausdruck gegeben hat, daß an den Vorentwürfen „die sozialpolitische Veredelungsarbeit des Reichstages noch einzusetzen" haben werde.

Dieser Ruf der „Sozialen Praxis" nach der „sozialpolitischen Veredelungsarbeit" des Reichstages ist so bezeichnend und dokumentiert so überaus deutlich die Ueberzeugung unserer Sozialreformer von dem Allheilmittel des Staatssozialismus, daß man in der Tat an das Wort eines alten Sanitätsrats erinnert wird, der sich einmal dahin äußerte: „Keine Krankheit ist so unbedeutend, daß sie nicht durch das Hinzutreten eines Arztes lebensgefährlich werden könnte. (Sehr richtig! Lebhafte Heiterkeit.)

Bei diesem lebensgefährlichen Zustande sind wir allmählich durch die bisherige sozialpolitische „Veredelungsarbeit" des Reichstages (lebhafte Heiterkeit) wohl schon angelangt. Wenn man berücksichtigt, welche Beschlüsse vom Reichstage bei Gelegenheit der Verabschiedung der Wehrvorlagen in bezug auf die an den Rüstungslieferungen beteiligten Gewerbe und ihre Arbeitsverfassung gefaßt worden sind, daß bereits jetzt, nachdem die Reichsversicherungsordnung mit ihrer weitgehenden Neubelastung überhaupt noch nicht völlig zur Durchführung gebracht ist, schon Erwägungen über die Herabsetzung des Alters für den Bezug der Invalidenrente vom 70. auf das 65. Lebensjahr gepflogen werden, und daß die Forderungen auf eine gesetzliche Neuregelung des Arbeitsvertrages, die Einführung einer Arbeitslosenversicherung und dergleichen mehr nicht verstummen, dann fragt man sich in der Tat, ob denn innerhalb unserer gesetzgebenden Faktoren jedes Verständnis dafür geschwunden ist, daß es schließlich auch in der Leistungsfähigkeit eines jeden Unternehmers, in der Belastungsfähigkeit aller industriellen Betriebe eine Grenze gibt, die ohne Schaden für die Gesamtheit nicht überschritten werden kann. (Sehr richtig!)

Es ist ein alter volkswirtschaftlicher Grundsatz, daß ein jedes Wirtschaftsgebilde einmal Ruhe für die Sammlung seiner Kräfte braucht, wie es ein anderes Mal des Fortschritts für deren Auslösung bedarf. Gerade darin bestand eines der überragenden Verdienste des großen Meisters Bismarck, daß er als leitender Staatsmann und als Wirtschaftspolitiker stets den richtigen Zeitpunkt zu erfassen wußte, wann die Zeit der Beharrung, wann die der Bewegung gekommen war, zum Wohle des Ganzen. (Bravo!) Die überhastende Art, in der gerade in den letztverflossenen Jahren im Wettlauf der Parteien um die Stimmen der Massen sich Gesetze gefolgt sind, die für Arbeitgeber wie für Arbeitnehmer völlig neue und ungewohnte Vorschriften brachten, hat bereits zu manchen schweren Unzuträglichkeiten geführt, die ganz besonders stark bei dem Inkrafttreten des Angestelltenversicherungsgesetzes in die Erscheinung getreten sind.

Die großen Bedenken, die bei der Vorberatung dieses Gesetzes von allen den praktischen Verhältnissen nahestehenden Männern —

und ohne die Praxis des Lebens bleibt meines Erachtens ein jedes Studium nur eine halbtätige Arbeit — (sehr richtig!) geltend gemacht worden sind, fanden weder bei den Vertretern der verbündeten Regierungen, noch bei den Abgeordneten eine Berücksichtigung, und es ist daher denn auch nicht verwunderlich, daß die Anwendung der Bestimmungen dieses Gesetzes in der Praxis auf die allergrößten Schwierigkeiten stößt. Entscheidungen der obersten Reichsbehörde für die Angestelltenversicherung, der Reichsversicherungsanstalt, die sich auf die Versicherungspflicht einzelner Personen, Musiklehrer, Turnlehrer usw. bezogen, sind vom Bundesrat einfach desavouiert worden oder haben, wie z. B. hinsichtlich der Frage der Versicherung im Auslande tätiger Angestellter deutscher Firmen, nachträglich einer Revision unterzogen werden müssen.

Einen wenig angenehmen Ausblick in die Zukunft bietet auch ferner der Umstand, daß, obwohl die Reichsversicherungsanstalt erst in der Entwickelung begriffen ist, sich die Höhe der reinen Verwaltungskosten bereits jetzt auf fast zwei Millionen Mark beläuft (hört, hört!), eine Summe, die sich ohne Zweifel wohl noch sehr wesentlich steigern wird, sobald die Reichsversicherungsanstalt ihre Tätigkeit erst einmal in vollem Umfange aufgenommen haben wird. Durch diese Tatsache wird vor allem die nach Verabschiedung des Gesetzentwurfs von seiten der Angestelltenorganisationen gestellte Forderung, die Leistungen zur Angestelltenversicherung auf alleinige Kosten der Arbeitgeber zu übernehmen, in das rechte Licht gerückt, und es muß daher die unbedingte Ablehnung dieses Anspruches allen Arbeitgebern nicht allein aus dem im Rundschreiben des Centralverbandes Deutscher Industrieller vom 14. Februar d. J. bereits dargelegten Gründen, sondern auch aus einem weiteren Grunde nochmals von hier aus auf das dringlichste empfohlen werden.

Ich denke hierbei an die Frage der Fortzahlung des Gehalts an einen Angestellten, der zur Durchführung eines Heilverfahrens von dem Arbeitgeber hat beurlaubt werden müssen und dem nach Maßgabe der gesetzlichen Bestimmungen ein sogenanntes Hausgeld nicht gewährt wird. Da die Einleitung eines solchen Heilverfahrens für die nächsten 10 Jahre die einzige Gegenleistung der Reichsversicherungsanstalt an die Angestellten ist, und da auf diese Wohltat des Gesetzes nach einer Veröffentlichung der Reichsversicherungsanstalt bis Mitte August dieses Jahres nicht weniger als 4037 Angestellte bereits Anspruch erhoben haben, so wird die Frage der Fortdauer der Gehaltszahlung bei Einleitung eines Heilverfahrens ernste Beachtung von seiten aller Arbeitgeber verdienen, zumal in denjenigen Fällen, in denen es sich um größere Aufwendungen handelt, durch welche wiederum eine die Leistungs- und Wettbewerbsfähigkeit des einzelnen Unternehmens erschwerende Mehrbelastung herbeigeführt werden würde.

Gerade im Hinblick auf eine solche Erschwernis der Wettbewerbsfähigkeit der deutschen Industrie ist es eigentlich eine selbstverständliche Forderung, daß die Fesseln, die ihr durch die einheimische Gesetzgebung auferlegt werden, nicht allzu drückend sich gestalten, nachdem die Schwierigkeiten, die der Ausdehnung unserer Industrie auf den ausländischen Märkten durch die Gesetzgebung des Auslandes bereitet werden, sich von Jahr zu Jahr gesteigert haben.

In welchem Maße dieses bezüglich des Handelsverkehrs mit unserem Nachbarstaate Frankreich der Fall ist, wird Ihnen bekannt sein. Die von chauvinistischer Seite, vom Pariser „Matin" und ähnlichen Blättern inszenierte Boykottbewegung gegen deutsche Waren hat ihren besonderen Niederschlag gefunden in der schikanösen Art und Weise, in der deutsche Produkte von den französischen Zollbehörden beim Uebergang über die Grenze in der letzten Zeit behandelt worden sind. Diese Vorgänge, insbesondere die differenzierende Anwendung des Artikels 15 des französischen Zollgesetzes (sog. Importé-Vermerk) haben den Centralverband Deutscher Industrieller in Gemeinschaft mit dem Verein zur Wahrung der Interessen der chemischen Industrie Deutschlands und der Zentralstelle für Vorbereitung von Handelsverträgen Anlaß gegeben, in einer Eingabe vom 18. Juni d. J. bei den zuständigen Behörden mit dem Antrage auf Erlaß von Schutzmaßnahmen vorstellig zu werden. Diesem Ersuchen ist nach einer Mitteilung des Auswärtigen Amtes vom 11. August d. J. durch eine besondere Anweisung an den Kaiserlich Deutschen Botschafter in Paris erfreulicherweise Rechnung getragen worden.

In gleichem Maße, meine Herren, hat der Centralverband Deutscher Industrieller sich auch die Wahrnehmung der Interessen der deutschen Industrie bei Gelegenheit der Zolltarifreform in den Vereinigten Staaten von Amerika angelegen sein lassen, und es ist wohl der besondere Hinweis gestattet, daß diese Bemühungen des Centralverbandes Deutscher Industrieller einzig und allein im Interesse der Ausfuhr, im Interesse der Fertigindustrie, gelegen haben.

Die in dieser Beziehung vom Centralverband Deutscher Industrieller in den verflossenen Sommermonaten geleistete Arbeit war infolge der eingeleiteten Sonderaktion eine — das darf unumwunden ausgesprochen werden — ganz außerordentlich umfangreiche und sie wird auch vielleicht für die Zukunft noch von besonderer Bedeutung sein. Aus verschiedenen Gründen möchte ich es mir indessen heute versagen, auf Einzelheiten einzugehen, und bitte mir einen umfassenden Bericht bis nach Abschluß der ganzen Angelegenheit vorbehalten zu dürfen. Erwähnen möchte ich nur, daß auch in bezug auf die amerikanische Zolltarifreform von den in einer Interessengemeinschaft vereinigten drei Verbänden, dem Centralverband Deutscher Industrieller, dem Verein zur Wahrung der Interessen der chemischen Industrie Deutschlands und der Zentralstelle für Vorbereitung von Handelsverträgen im Juni dieses Jahres an den Herrn Reichskanzler eine Eingabe gerichtet worden ist, die in ausführlichen Darlegungen auf die überaus rigorosen Zollverwaltungsvorschriften des neuen Tarifs hinwies und Abhilfe durch wirksame Gegenmaßregeln erbat.

Es waren, von anderen Bestimmungen abgesehen, insbesondere die Vorschriften des Gesetzentwurfs über die Verpflichtung der ausländischen Fabrikanten zur Vorlage ihrer Bücher und die sogenannte Dumping-Klausel, welche geeignet erschienen, deutsche Interessen aufs schwerste zu schädigen, so daß es mit großer Genugtuung begrüßt werden darf, daß diese Vorschriften unter dem starken Drucke der auswärtigen diplomatischen Vertretungen, insbesondere derjenigen des Deutschen Reiches, bei der Beratung des Zolltarifs vom Senate der Vereinigten Staaten gestrichen worden sind.

Trotz dieser offensichtlichen Verbesserung wird man aber dennoch kaum sagen können, daß der amerikanische Tarif in der gegenwärtigen Fassung irgendwie geeignet ist, den starken Optimismus zu rechtfertigen, der von freihändlerischer Seite in bezug auf die fernere Entwickelung des deutsch-amerikanischen Handelsverkehrs bisher zur Schau getragen worden ist, und der lediglich dazu gedient hat, den Gegnern der jetzigen Tarifreform in den Vereinigten Staaten ein wirksames Agitationsmaterial gegen die Herabsetzung einzelner Tarifsätze an die Hand zu geben.

In sehr treffenden Darlegungen ist Mitte vorigen Monats selbst in der „New Yorker Handelszeitung" das Grundfalsche einer solchen optimistischen Auffassung gekennzeichnet und hierbei zugleich die in den vielfachen Publikationen des Centralverbandes Deutscher Industrieller über die amerikanische Tarifreform immer wieder vertretene Ansicht bestätigt worden, daß die grundsätzliche Bedeutung der Tarifreform in den Vereinigten Staaten nicht in der materiellen, sondern in der formellen Ausgestaltung des Tarifs liegt, und daß Amerika und die maßgebenden Kreise dortselbst sich, wie bei allen früheren handelspolitischen Maßnahmen, so auch bei der jetzigen Tarifreform einzig und allein von den Interessen des eigenen Landes, ohne jede Rücksicht auf die wirtschaftlichen Bedürfnisse anderer Länder, haben leiten lassen. Ich darf in dieser Hinsicht wohl auf das Einfuhrverbot von Erzeugnissen aus solchen Ländern, die keine Kinderschutzgesetzgebung besitzen, hinweisen, ferner auf das bekannte Vorgehen der Vereinigten Staaten gegen die deutsche Farbenindustrie und die deutsche Schiffahrt auf Grund der Sherman-Akte, und vor allem auf einen Vorgang, der ganz besonders kennzeichnend ist für die handelspolitische Denkart der Amerikaner.

Es ist bekannt, meine Herren, daß in den Vereinigten Staaten, selbst in führenden Kreisen, über die Bedingungen der ausländischen, insonderheit der deutschen Produktion durchaus unzutreffende und unrichtige Anschauungen verbreitet sind. Dieses trat ganz besonders scharf zutage in den Protokollen der sogenannten Hearings, die vom Kongreß bei der Abänderung bestehender Zollgesetze zwecks Entgegennahme der einzelnen Wünsche der Interessenten veranstaltet zu werden pflegen. Es wurde daher anläßlich der Beratung des derzeitigen (sogenannten Payne-Aldrich) Tarifs zur Berichtigung der in diesen Protokollen gemachten Angaben unter dem Titel „Wages paid in Germany" — „In Deutschland gezahlte Löhne" — eine Schrift herausgegeben, die auf Grund der Publikationen deutscher Handelskammern besondere Lohnstatistiken enthielt und die durchaus geeignet war, die unzutreffenden, bei den Hearings niedergelegten Angaben über deutsche Löhne zu rektifizieren. Zu einer Verbreitung und Nutzbarmachung dieser Schrift ist es indessen nicht gekommen, da ihre amtliche Uebersetzung auf Veranlassung des Senates der Vereinigten Staaten abgebrochen worden ist. (Hört, hört!)

Aus allen diesen Vorgängen ergibt sich demnach wohl zur Genüge, wie in Wirklichkeit die handelspolitischen Maßnahmen in den Vereinigten Staaten von Amerika ihrem Wesen und ihrem Zweck nach zu bewerten sind, und daß das Deutsche Reich auf Grund dieser Vorgänge, die auch nicht ohne Einfluß auf die von der Mehrheit der deutschen Industriellen eingenommene Haltung bei der Frage der Beschickung der Weltausstellung in San Francisco sein konnten, ganz gewiß keinen Anlaß hat, sich von den Bahnen einer Wirtschaftspolitik zu enfernen, die bisher der gesamten deutschen Gewerbetätigkeit in allen ihren Erwerbszweigen so sehr zum Segen gereicht hat.

Es ist das charakteristische Merkmal des Freihandels, der gegenwärtig sein Feldgeschrei wieder besonders stark ertönen läßt, daß er seiner ganzen Natur nach internationale Tendenzen verfolgt, während das Wesen der Schutzzollpolitik ein nationales ist. (Sehr richtig!) Ein früherer französischer Minister, de Meaux, hat einst sehr treffend gesagt, daß das Zollsystem eines jeden Landes die Verkörperung des nationalen Gedankens sein muß, und der Centralverband Deutscher Industrieller kann es als ein geschichtliches Verdienst für sich in Anspruch nehmen, daß er, als in den 70er Jahren das deutsche Volk nach einem Ausspruche des Fürsten Bismarck an „Verblutung und Entkräftung" wirtschaftlich zugrunde zu gehen in Gefahr war, dieser Einsicht zum Siege verholfen hat. (Bravo!) „Gegen den Strom" hieß die denkwürdige Broschüre, mit der der erste Vorsitzende des Centralverbandes Deutscher Industrieller, Herr von Kardorff-Wabnitz, seine Tätigkeit für die wirtschaftliche Neugestaltung des Deutschen Reiches, für eine nationale Wirtschaftspolitik aufnahm und „gegen den Strom" hat der Centralverband Deutscher Industrieller im weiteren Verlaufe seines 37jährigen Bestehens immer kämpfen müssen. (Bravo!) Wie er aber das Bewußtsein hegen darf, daß er mit seiner Begründung wesentlich dazu beigetragen hat, den deutschen Landen ihre materielle Grundlage, ihr nationales wirtschaftliches Leben wiederzugeben, so wird es auch in Zukunft Ziel und Aufgabe des Centralverbandes Deutscher Industrieller sein, in diesem nationalen Sinne seine Arbeit auf allen Gebieten seiner Tätigkeit unbeirrt fortzuführen in der Ueberzeugung, daß über allen anderen Interessen stets das gemeinsame Interesse der vaterländischen Arbeit und das Vaterland selbst steht. (Lebhafter, lang anhaltender Beifall.)

Vorsitzender: Meine Herren! Ich eröffne die Diskussion und gebe Herrn Abg. Dr. Beumer das Wort.

Abg. Dr. **Beumer**-Düsseldorf: Meine Herren! In Ihren Händen befindet sich ein Beschlußantrag des Direktoriums, in dem namentlich die Ausführungen des Herrn Geschäftsführers in bezug auf die Versammlung der Mittelstandsvereinigung in Leipzig ihre Erledigung finden, bekanntlich Verhandlungen, die zu den in der Presse und in anderen Verbänden betätigten Angriffen auf den Centralverband Deutscher Industrieller Veranlassung gegeben haben. Wenn ich Sie bitte, diesem Beschlußantrage des Direktoriums einmütig zuzustimmen, so geschieht es mit dem Ausdruck der Freude darüber, daß sowohl die lichtvollen Darlegungen unseres Herrn Geschäftsführers als auch dieser Beschlußantrag geeignet sind, das Haltlose aller dieser Angriffe darzutun und damit hoffentlich auch alle diese Angriffe aus der Welt zu schaffen.

Aus den Ausführungen des Herrn Regierungsrats Dr. Schweighoffer sowohl wie aus dem Beschlußantrage geht hervor, daß von einem Kartell des Centralverbandes Deutscher Industrieller mit dem Bund der Landwirte in keiner Verhandlung die Rede gewesen ist. Ich hebe in dieser Beziehung ganz besonders hervor, daß unser Herr Geschäftsführer auf jener Versammlung der Mittelstandsvereinigung sich mit dieser Materie nicht zu beschäftigen Veranlassung gehabt hat, weil er ja, was immer bei diesen Angriffen übersehen worden ist, zu Handwerkern sprach und lediglich die Gemeinsamkeit der Arbeit auf einem von ihm durchaus bestimmt abgegrenzten Gebiete erörterte. Es ist also weder in Leipzig, noch anderwärts, seitens des Geschäftsführers oder seitens des Direktoriums unseres Centralverbandes von einem Kartell mit dem Bunde der Landwirte auch nur mit einem einzigen Worte die Rede gewesen.

Ich darf daran erinnern, daß wir auch den Zolltarif 1902 nicht mit dem Bunde der Landwirte, wohl aber mit der Landwirtschaft gemacht haben, eine Unterscheidung, die der Centralverband Deutscher Industrieller immer gemacht hat. Wir haben auch den Zolltarif, soweit er industrieller Natur war, 1902 — und ich spreche da aus Erfahrungen der Reichstagskommission, der ich angehörte — mit der Landwirtschaft, aber gegen die Stimmen des Bundes der Landwirte gemacht. Insbesondere haben die Vertreter des Bundes der Landwirte, die der Zolltarifkommission angehörten, gegen die Grundlage aller Eisenindustriezölle, gegen den Roheisenzoll gestimmt, und zwar mit der ausgesprochenen Begründung, daß die Industrie für einen Zoll von 7,50 M. für das Getreide nicht zu haben gewesen sei. Meine Herren! In dem Kampfe, den ich damals — ich darf das sagen — an erster Stelle für den Roheisenzoll geführt habe, ist mir aber die Landwirtschaft in so hervorragenden Vertretern, wie es der Graf Kanitz, der Graf v. Schwerin-Löwitz und der Gutsbesitzer Herold von der Zentrumspartei waren, auf das treueste und entschiedenste an die Seite getreten. Diese haben mit Rücksicht auf die Beziehungen, die wir auf Grund der Solidarität zwischen Landwirtschaft und Industrie immer hochgehalten haben, darauf hingewiesen, daß man der Industrie diese Grundlagen eines Roheisenzolls nicht vorenthalten dürfe, zumal die Industrie die Getreidezölle bewilligt habe. Schon dieses Beispiel zeigt zur

Genüge, daß Landwirtschaft und Bund der Landwirte nicht dasselbe sind, und es ist anzunehmen, daß intelligente, hochstehende Kreise der Landwirtschaft in den Parteien, auf die wir rechnen dürfen, auch bei der künftigen Gestaltung unserer Handelsvertragsverhältnisse mit der Industrie in derselben Weise zusammengehen werden.

Und nun, meine Herren, was hat denn Herr Regierungsrat Dr. Schweighoffer in Leipzig empfohlen? Er hat ein Zusammengehen von Landwirtschaft, Industrie und Handwerk empfohlen in allen den Fragen, die das Bürgertum zur Verteidigung der Interessen der Erwerbsstände bewegen. Er hat also ganz besonders ein Zusammenarbeiten von Industrie, Landwirtschaft und Handwerk betont auf dem Gebiete der Abwehrbestrebungen gegenüber der Sozialdemokratie. Ich habe schon in jungen Jahren, soweit meine Kräfte dazu reichten, die Politik des Fürsten Bismarck nicht allein auf zolltarifarischem Gebiete in den 70er Jahren, sondern auch auf den Gebieten, die sich auf diese von Herrn Dr. Schweighoffer in Leipzig berührten Fragen bezogen, zu verteidigen gesucht, und ich habe das Glück gehabt, oft genug mit ihm im Leben auch persönlich über diese Dinge zu sprechen, um überzeugt zu sein, daß das, was der Geschäftsführer des Centralverbandes Deutscher Industrieller gesagt hat, echt Bismarckschen Geistes war. (Bravo!) Und, meine Herren, in dem gemeinsamen Kampfe der bürgerlichen Parteien gegen die Sozialdemokratie wird es sich um die Betätigung des alten Spruches handeln: In necessariis unitas, in dubiis libertas, in omnibus caritas. (Lebhafte Zustimmung!) Der Centralverband Deutscher Industrieller ist gegründet zum Schutze der nationalen Arbeit. Parteipolitisch hat er sich niemals betätigt, parteipolitisch wird er sich niemals betätigen. Aber wenn er die Lösung so wichtiger Fragen auf solchem gemeinsamen Gebiete der Industrie, Landwirtschaft und Handwerk sucht, so macht er damit den glücklichen Versuch, den traurigen Folgen entgegenzutreten, die wir in Deutschland mehr als in irgendeinem anderen Lande gerade von der Partei- und Fraktionspolitik zu beklagen haben. (Mehrfaches „Sehr richtig!"). Und auch das ist Bismarckscher Geist, wie Sie in vielen Reden, die Bismarck der Große im Reichstage und im Preußischen Abgeordnetenhause gehalten hat, lesen können. (Sehr richtig!)

Und deshalb, meine Herren, bitte ich Sie, diesem Beschlußantrage des Direktoriums zuzustimmen und nach dem eben von mir zitierten Spruche zu handeln, der, in das Gegenwartsproblem, das uns hier beschäftigt, übersetzt, lautet: In notwendigen Dingen mit den übrigen Erwerbsständen Einheit, in parteipolitischen Dingen Freiheit, in allem aber Liebe, das heißt Achtung vor dem Gegner und Hochhaltung des Anstandes. (Bravo!) Meine Herren! Wenn Sie den Beschlußantrag des Direktoriums annehmen und möglichst einstimmig annehmen, dann dienen Sie diesen drei Forderungen und damit nicht allein den Erwerbsständen, sondern dem Vaterlande im ganzen, Sie dienen der salus publica. (Lebhaftes Bravo.)

Vorsitzender: Meine Herren! Bevor ich das Wort weiter erteile, möchte ich den ersten Beschlußantrag — ich will ihn als den äußerlich längsten bezeichnen — Ihnen vorlesen lassen, und zwar deswegen, weil einige kleine, im wesentlichen redaktionelle Aenderungen daran vorgenommen worden sind, die in dem Ihnen vorliegenden Exemplar noch nicht haben vermerkt werden können.

(Regierungsrat Dr. Schweighoffer verliest den Beschlußantrag. Der Wortlaut steht auf Seite 54.)

Das Wort hat nun Herr Direktor Tafel-Nürnberg.

Direktor Tafel-Nürnberg: Meine Herren! Unter den Stimmen, welche gegen den Centralverband Deutscher Industrieller und gegen die Erklärung unseres Herrn Geschäftsführers auf dem Reichsdeutschen Mittelstandstage laut geworden sind, sind auch solche aus Bayern gewesen, und deshalb ist es vielleicht gut, wenn auch in der heutigen Debatte Bayern einige Minuten zum Worte kommt, schon damit Sie, meine Herren, sehen, daß wir nicht alle so schlimm sind, wie Sie das in den letzten Wochen vielleicht manchmal geglaubt haben. Es ist allerdings leider nicht zu bestreiten, daß die Strömungen, die dem Centralverband Deutscher Industrieller nicht günstig sind — und es sind das die gleichen Strömungen, die in den letzten 6 Jahren so außerordentlich zur Verschärfung und zur Vertiefung der Gegensätze zwischen den produktiven Ständen beigetragen haben —, ich sage, es ist leider außer Zweifel, daß diese Strömungen bei uns in Süddeutschland vielfach noch tiefer gefressen haben als im Norden. Aber, meine Herren, was beweist das und was beweist überhaupt die ganze Entrüstung, die in den letzten Wochen gegen den Centralverband Deutscher Industrieller geschleudert worden ist? Meiner Ansicht nach nur das Eine, wie weit uns diese Strömungen in unserem Vaterlande schon gebracht haben. (Sehr richtig!)

Die Forderungen, auf denen die produktiven Stände sich auf dem Reichsdeutschen Mittelstandstage zusammengefunden haben, sind meiner Ansicht nach doch eigentlich derart, daß bei ruhiger, objektiver Betrachtung ohne Voreingenommenheit kein verständiger Mensch, zum mindesten keiner, der im praktischen Leben steht, selbst wenn er mit der Lupe danach sucht, irgendeine Beanstandung darin finden kann. (Sehr richtig! Sehr wahr!)

Für den Schutz der Autorität müßte nicht nur jeder Arbeitgeber, sondern jeder deutsche Bürger überhaupt eintreten in einer Zeit, in der an der Untergrabung jeglichen Autoritätsgefühls so stark gearbeitet wird wie in unserer Zeit. (Sehr richtig!) Dann die Forderung des Schutzes des angemessenen Preises: Auf den haben sich ja eigentlich alle Gruppen geeinigt und alle Parteien, wenigstens in der Theorie, wenn es auch in der Praxis leider noch vielfach anders aussieht. Dann kommt der Schutz der nationalen Arbeit. Meine Herren! Ich kann nur unterstreichen, was von diesem Platze aus schon mehrfach gesagt worden ist und was durchaus auch die Meinung der süddeutschen und der bayerischen Kollegen ist; ich kann nur unterstreichen, daß wir gar nicht daran denken, wegen der Forderung des Schutzes der nationalen Arbeit uns mit Haut und Haar jeder Forderung der Landwirtschaft überhaupt zu verschreiben. Ich habe eine viel zu gute Meinung von dem Verstande und dem Billigkeitsgefühl eines Herrn v. Heydebrand und eines Grafen Westarp und auch der Führer des Bundes der Landwirte, als daß sie es uns verübeln werden, wenn wir in dieser Frage zu einem Teil getrennte Wege marschieren, und wenn sie es uns verübeln wollten, dann könnte uns das nicht hindern, unsere Pflicht zu tun und an die zu denken, deren Wohl uns anvertraut ist. (Sehr richtig!).

Das eine aber, glaube ich, muß doch betont werden. Es ist ein gewaltiger Irrtum, und wo es kein Irrtum ist, ist es ein gewaltiger Volksbetrug, wenn es immer wieder so hingestellt wird, als ob die Hunderte von Millionen, von denen man so viel spricht, die jedes Jahr durch die Schutzzölle in unser Vaterland gebracht werden, ausschließlich den Arbeitgebern zuflössen. (Sehr richtig!) Es ist gar keine Frage, und jeder, der die Augen aufmacht, muß das wissen, und wenn er ehrlich sagt, was er gesehen hat, so muß er es auch aussprechen, daß der größere Teil dieses Geldes auf die Arbeiter in Form von höheren Löhnen abgeströmt ist (Sehr richtig!), und die Richtigkeit der Gleichung: guter und fester Schutz der nationalen Arbeit gleich höhere Löhne, und schlechter Schutz der nationalen Arbeit gleich niedere Löhne wird sich in dem Augenblick erweisen, wo eine Links-Majorität die Axt wieder an das alte bewährte System des Schutzes der nationalen Arbeit legen wird;

(sehr richtig!) und dann, meine Herren, werden wir denen die Verantwortung für die Schäden, die daraus entstehen, zuweisen müssen, die diesen Weg beschritten haben gegen den Rat der Männer, die im praktischen Leben stehen und das schließlich besser wissen müssen als sie.

Ich komme zu dem letzten Punkte, den ich berühren möchte, zum Schutz der Arbeitswilligen. Ich bin der Meinung, daß dieses Verlangen, wenn überhaupt eins, eine Forderung des Tages bedeutet, und in dieser Beziehung weiß ich mich eins mit der weitaus überwiegenden Zahl oder wohl mit allen meinen Kollegen auch in Bayern; auch der Bayerische Industriellenverband hat ja auf diesem Gebiete eine Erklärung abgegeben, deren Deutlichkeit nichts zu wünschen übrig gelassen hat. Ich kann Ihnen auch sagen, meine Herren, daß hinter dieser Forderung nicht nur die Arbeitgeber, sondern auch ein guter Teil der Arbeitnehmer steht. (Sehr richtig!) Der Staat und die Gemeinde schützen in unserem Vaterlande ja noch so leidlich das leibliche, das materielle Gut der Bürger; aber unser bestes Geistesgut, das wir besitzen, den freien Willen, den zu schützen, haben in vielen Gegenden Deutschlands Gemeinde und Staat leider schon die Kraft verloren. (Lebhaftes sehr richtig! Sehr wahr!) Und es ist abermals ein ganz schwerwiegender Irrtum zu glauben, daß in diesem Zustande etwa nur eine Verletzung der Interessen der Arbeitgeber und wirtschaftsfriedlichen Arbeiter läge. Nein, meine Herren, in diesem Zustande liegt meiner Ansicht nach eine Sache, die von weittragender Bedeutung für den ganzen Staat ist. Denn der Zustand, daß Gemeinde und Staat sich in vielen Gegenden auf diesem Gebiete des Schutzes des freien Willens, des Schutzes der Arbeitswilligen schon vielfach allmählich haben in die Kniebeuge zwingen lassen, dieser Zustand bringt naturgemäß die Gefahr mit sich, daß der Staat in der Aufrechterhaltung der Ordnung und der Autorität auch auf anderen Gebieten in die Kniee gezwungen werden kann. (Lebhaftes sehr richtig!)

Die beiden Forderungen des Schutzes der nationalen Arbeit und des Schutzes insbesondere der Arbeitswilligen, noch mehr natürlich die Forderung der Bekämpfung der Sozialdemokratie, sind ja dieser Partei selbst ein Dorn im Auge. Sie wirken auf sie wie das rote Tuch. Nun, meine Herren, haben wir in unserem Vaterlande leider mehr und mehr Menschen, die es mit der Sozialdemokratie nicht mehr verderben können und verderben dürfen. Ich denke dabei nicht nur an die vielen, die auf die sozialdemokratische Wahlhilfe angewiesen sind, sondern ich denke an die noch weit größere Zahl derjenigen, die wirtschaftlich abhängig von der Sozialdemokratie werden, eine Zahl, die leider von Jahr zu Jahr in beängstigender Weise wächst. (Sehr richtig!) Wer aber einmal an der Leine der Sozialdemokratie zu gehen gezwungen ist, sei es aus dem einen, sei es aus dem anderen Grunde, der ist für die Sache der Ordnung verloren, der hat die Kraft und die Fähigkeit eingebüßt, für die Sache der Autorität einzutreten. Und es ist eine ganz merkwürdige Erscheinung unserer Zeit, daß ein Wort und ein Name, der ehedem unter den bürgerlichen Parteien so sehr beliebt war, der Name der „Ordnungsparteien", immer weniger gebraucht wird und mehr und mehr in Vergessenheit gerät. (Sehr richtig!) Wenn ein Teil der bürgerlichen Parteien nicht mehr imstande ist, die Sache der Ordnung auf den Schild zu erheben, dann habe ich es als ein Ereignis von außerordentlich erfreulicher Art betrachtet, daß es nun die deutschen Stände gewesen sind, die die Sache der Ordnung in die Hand genommen haben (bravo!), und die Forderungen, von denen ich Ihnen vorhin gesprochen habe, von denen auf dem reichsdeutschen Mittelstandstage geredet worden ist, sind in erster Linie eine Art von Einigungsprogramm, eine gemeinschaftliche Plattform, aber zweitens sind sie nichts anderes als ein ausgesprochen klares, scharfes Ordnungsprogramm!

Meine Herren! Lassen Sie mich noch einen Augenblick die Gegner betrachten, die bei uns in Süddeutschland sich gegen den Centralverband Deutscher Industrieller und gegen seine Erklärung auf der genannten Tagung gewendet haben. Ich brauche nicht von der Sozialdemokratie in diesem Kreise zu reden, auch nicht viel vom Linksliberalismus. Nur das eine möchte ich sagen: daß dieser dem Einfluß der Sozialdemokratie durch seine Wahlabkommen über das ganze Reich stärker ausgesetzt ist als je zuvor, ist wohl unbestreitbar. Weiter möchte ich darauf nicht eingehen, schon deshalb nicht, weil ich nicht zuviel mit Politik mich befassen möchte. Aber den wirtschaftlichen Verbänden möchte ich noch einen Augenblick widmen. Es ist in erster Linie der Bund der Industriellen und der Hansabund gewesen, die sich gegen das Vorgehen unseres Geschäftsführers gewendet haben. Der Bund der Industriellen ist in Bayern sehr schwach vertreten —, ich kann darauf verzichten, mich mit ihm zu befassen. Um so fester aber sitzt in allen Positionen der Hansabund, nicht zum wenigsten dank seiner klugen Verteilung von Hunderten von Aemtern und Aemtchen. (Lebhafte Heiterkeit.) Meine

Herren, ich glaube bei Ihnen auf Verständnis zu stoßen, wenn ich sage: Der Hansabund, den wir Industriellen und den ich persönlich mit so großer Freude und mit hochgespannten Erwartungen empfangen und aufgenommen haben, hat uns schwere Enttäuschung auf vielen Gebieten gebracht (lebhaftes sehr richtig!), und ich bin der rein persönlichen Meinung, daß der Punkt, in dem sich diese Enttäuschung vor allem konzentriert, eben auch wieder auf dem Gebiete des Verhältnisses zur Demokratie und insbesondere zur Sozialdemokratie zu suchen ist. Ich sage noch einmal: Es ist meine rein persönliche Ueberzeugung, die ich gewonnen habe und ich gewinne sie immer wieder, wenn ich in meinen Erinnerungen blättere. Ganz wenige davon möchte ich Ihnen nennen. Es ist sonst nicht meine Gewohnheit, Persönliches öffentlich zu benützen. Die Frage aber, um die es sich hier handelt, die Frage nämlich, ob dem fortgesetzten Verhetzen der produktiven Stände endlich einmal Einhalt geboten werden soll, scheint mir von sehr weittragender Bedeutung. Ich bin der Ansicht, daß diese Frage so ziemlich die wichtigste ist, mit der der Centralverband Deutscher Industrieller sich seit 10 Jahren befaßt hat, darum lasse ich heute jede andere Rücksicht gegenüber der Wahrheit fallen.

Ich will Ihnen nur drei kleine Erinnerungen bringen. Die eine ist die: Sie entsinnen sich vielleicht selbst, daß der erste Mann, der aus dem Hansabunde offiziell seinen Austritt erklärt hat, ein Bayer gewesen ist, der Direktor der bayerischen Handelsbank Freiherr v. Pechmann, dem vor ungefähr 3 Jahren Zweifel entstanden sind, ob der Hansabund in bezug auf die Sozialdemokratie die Stellung einnähme, die er für notwendig gehalten hat, und deshalb hat er an den Hansabund die klare Frage gerichtet: Wie hälst du's mit der Sozialdemokratie? Auf diese Fragestellung — der Briefwechsel ist ja dann veröffentlicht worden — ist vom Hansabunde niemals eine klare Antwort erfolgt. Der Briefwechsel wurde von dem Bunde abgebrochen, ehe das Ja oder Nein, das verlangt worden war, gegeben war. Darauf hat Freiherr v. Pechmann das getan, was jeder charaktervolle Mann tun sollte, wenn er sich uneins weiß in grundsätzlichen Fragen: Er hat sich von dem Bunde geschieden.

Und eine andere, diesmal rein persönliche Erinnerung: Ich habe einmal in einer Sitzung sehr energisch gegen den Großblockgedanken, gegen dieses Bündnis gesprochen, das der Sozialdemokratie in Süddeutschland den Eingang in das Bürgertum und in das Beamtentum freigemacht hat, wie eine hochgerissene Schütze dem

Wasser den Eingang freimacht auf die Wiesen und Felder! Damals ist nach der Sitzung der Präsident des Hansabundes — das war die einzige Gelegenheit, wo ich die Ehre hatte, ihn kennen zu lernen —, an mich herangetreten und hat mir eindringlichst klarzumachen versucht, daß wir in Bayern garnicht anders könnten, als einen Großblock mit der Sozialdemokratie zu schließen (lebhaftes Hört, hört!) — denselben Großblock, der nachher auch unter Mitwirkung von einflußreichen Leuten des Hansabundes in Bayern tatsächlich zustande gekommen ist.

Und noch eine dritte Erinnerung — auch aller schlechten Dinge sind drei — (Heiterkeit), die wenige Monate erst zurückliegt. In einem Wahlkampfe in Bayern, bei dem sich nur zwei Kandidaten gegenüberstanden, ein Sozialdemokrat und ein bürgerlicher Industrieller — der letztere steht vor Ihnen — (Heiterkeit), ist an den Hansabund das Ersuchen gerichtet worden, gemäß seinem Standpunkte und gemäß seinen Versprechungen den industriellen Kandidaten zu unterstützen — und diesem Ersuchen hat der Hansabund nicht stattgegeben. (Lebhaftes Hört, hört!)

Und noch eine letzte kleine Erinnerung, die nicht direkt mit dem Hansabund zu tun hat, die Ihnen aber immerhin ein kleines Bild bieten mag, zu welcher Verwirrung der Geister es vielfach unter der Aegide des Hansabundes schon gekommen ist. In dem gleichen Wahlkampfe hat ein Industrieller eine Unterstützung mir persönlich abgelehnt mit der Begründung, daß doch auch wir Industriellen nicht gegen den Fortschritt ankämpfen könnten. (Lebhafte Heiterkeit. Sehr gut!) Wenn es schon so weit gekommen ist, daß selbst in unseren Kreisen in der Verdrängung eines industriellen und bürgerlichen Kandidaten durch einen sozialdemokratischen ein Fortschritt erblickt wird, dann dürfen Sie sich wahrlich nicht wundern, wenn aus diesen zum Glück immerhin sehr spärlich gesäten Kreisen Stimmen laut werden, die das Vorgehen des Centralverbandes Deutscher Industrieller und eine Einigung der produktiven Stände oder mindestens eine Verminderung der Gegensätze zwischen ihnen für einen Rückschritt erklären. (Sehr wahr!) Ich meine, man kann nichts anderes tun, als über solche Stimmen zur Tagesordnung überzugehen, man kann nichts anderes tun, als trotz dieser Stimmen einfach festzubleiben auf dem, was man vorher als das Richtige erkannt hat und kann sich vielleicht trösten mit dem Wort eines großen Deutschen, der vor vielen hundert Jahren gesagt hat: Meine größte Angst und Sorge aber ist, daß meine Sache könnte nicht verdammt werden, danach ich gewißlich wüßte, daß sie nicht gut ist! (Lebhaftes Bravo!)

Meine Herren! Ich meine, ganz anderen Stimmen sollten wir folgen als solchen. Ich bin nicht mit allem einverstanden gewesen und unterschreibe nicht alles, was unser verstorbener Dr. Tille geschrieben und gesagt hat. Er hat vielleicht manchmal nur eine Seite der Dinge gesehen, wir müssen aber in der schwierigen Lage, in der die Industrie sich befindet, die Dinge von allen Seiten betrachten. Das ist übrigens ein Vorwurf, den wir vielleicht Dr. Tille machen dürfen, nicht aber unsere Gegner; denn sie machen den gleichen Fehler hundert und hundertmal stärker fast Tag für Tag. Aber in dem einen großen Lebensgedanken von Dr. Tille hat er sicher recht gehabt, in dem Gedanken nämlich, daß die deutschen Arbeitgeber sich solidarisch fühlen sollten. (Bravo!) Ich sage darüber hinaus noch: Wir sollten uns auch solidarisch fühlen mit demjenigen Teil der Arbeiterschaft, für den die Anhänglichkeit an die Firma und die Treue zum Geschäft noch kein leerer Wahn geworden ist.

Und noch einen anderen Toten möchte ich Ihnen als Eideshelfer nennen, wenn ich als Bayer dafür spreche, der Resolution zuzustimmen, einen Toten, der heute schon von zwei Rednern zu meiner Freude genannt worden ist. Wenn es in unseren Betrieben manchmal nicht ganz klappt, dann fragen wir uns wohl da und dort: Wie ist das früher gewesen, wie hat es der Mann gemacht, der den Betrieb noch hatte, als die Sache besser gegangen ist? Und so, meine ich, sollten wir uns auch im Großen in schwierigen Lagen viel öfter, als das heutzutage geschieht, fragen: Wie ist es früher gewesen, wie hat der Mann darüber gedacht, der die Zügel noch in der Hand hatte, als es in Deutschland wirtschaftlich und politisch besser geklappt hat als je zuvor und je danach? Mit anderen Worten: Was hat der eiserne Kanzler über die Frage gedacht? Und der hat gesagt: Die deutsche Landwirtschaft und die deutsche Industrie haben soviel gemeinschaftliche Interessen, daß sie entweder zusammen in die Höhe kommen oder zusammen untergehen werden. Hier steht also Ansicht gegen Ansicht, meine Herren, und ich bin der Meinung, daß wir besser daran tun, uns an die Bismarcksche zu halten als an die hansabündlerische! (Bravo! Sehr gut!) Es steht aber nicht nur Ansicht gegen Ansicht, sondern auch ganze Tätigkeit gegen Tätigkeit, ganze Wirkung gegen Wirkung. Bismarck hat einigend gewirkt, und es gibt ja keine größere Tat, als wenn einer die Hände von uneinigen Deutschen ineinander legt. Aber die Kreise, aus denen die bekannten Proteste laut geworden sind, haben nicht einigend, sondern zersetzend gewirkt, sie haben nicht die Eintracht in unseren Stand gebracht, die wir erstreben, sondern die Zwietracht. (Zuruf: Das wollen sie auch!) Das wollen sie auch. der Ansicht bin ich auch; denn daraus lassen sich nachher Riemen schneiden zu politischen Zwecken! Meine Herren! Bismarck hat den deutschen Stämmen die Solidarität gebracht, und ich hoffe zu Gott, daß jetzt die Zeit wieder anbrechen wird, wo auch den deutschen Ständen wieder das Solidaritätsgefühl zurückkehrt, und zwar von dem Tage ab der Erklärung unseres Geschäftsführers auf dem Reichsdeutschen Mittelstandstage! (Bravo!)

Ich meine aber, wir sollten mit dem Solidaritätsgefühl in den eigenen Reihen anfangen, indem wir durch einen einstimmigen Beschluß, den ich dringend befürworte, uns auf den Boden der Resolution stellen und uns durch einen einstimmigen Beschluß solidarisch mit unseren Führern und unserem Geschäftsführer erklären, und durch diesen Beschluß es begrüßen, daß der Hetze zwischen den deutschen produktiven Ständen nun endlich einmal Einhalt geboten werden soll. (Bravo!)

Noch eins, meine Herren! Ich weiß genau — zum Teil können Sie es ja in der Oeffentlichkeit verfolgen, aber viel schlimmer ist, was sich in der Stille abspielt —, ich weiß genau, daß auch in den Kreisen des Mittelstandes jetzt gewühlt und gearbeitet und intrigiert und unterminiert wird, was Zeug hält, um die Angehörigen des Mittelstandes von der Führerschaft abzubringen und Stimmung zu machen gegen diese Forderung auf dem reichsdeutschen Mittelstandstage und gegen eine Abschwächung der Gegensätze insbesondere zur Landwirtschaft, und ich glaube — ich weiß das nicht, vermute es aber —, daß ähnliche Bestrebungen sich auch in der Landwirtschaft geltend machen werden. Ich bin aber fest überzeugt, daß sowohl die Angehörigen des Mittelstandes wie die der Landwirtschaft sich vollzählig oder in mindestens überwiegender Mehrzahl an die Seite der Führer stellen werden und auf dem Boden der Forderungen, die auf dem reichsdeutschen Mittelstandstage aufgestellt worden sind. Ich meine, wir sollten doch dafür sorgen, daß nicht schließlich die Industrie die einzige von den drei Ständen ist, bei denen die Zwietrachtsäer auf einen fruchtbaren Boden stoßen. Ich meine, wir sollten dafür sorgen, daß nicht die Industriellen die einzigen sind, die schließlich vor dem Geschrei der Gegner feig das Hasenpanier ergreifen! Denken wir daran, daß die Deutschen stärker als jedes Volk sind, wenn sie nur den alten Erbfehler, das mangelnde Solidaritätsgefühl, den Teufel der Uneinigkeit ablegen, und sorgen wir dafür, — und nur durch einen einstimmigen Beschluß auf dem Boden der Ihnen vorliegenden Resolution kann das geschehen —, daß jeder, der von dieser Tagung weggeht, so stolz weggehen kann, wie er gekommen ist, und daß er nach all diesem Kampfe und dieser Entrüstung gegen den Centralverband Deutscher Industrieller so stolz wie zuvor sein Haupt erheben und sagen kann: Gott sei Dank, ich bin ein Industrieller! (Lebhaftes Bravo!)

Vorsitzender: Das Wort hat Herr Direktor Meesmann.

Direktor **Meesmann**-Mainz: Meine sehr geehrten Herren! Die Ausführungen des Herrn Vorredners haben sich zum Teil etwas auf politischem Gebiete bewegt. Ich möchte deshalb doch meinerseits hier der Tatsache Ausdruck geben, daß die Zugehörigkeit zum Centralverbande Deutscher Industrieller keineswegs an die Zugehörigkeit zu einer bestimmten Partei gebunden ist. Ich bin überhaupt der Meinung, daß die industriellen Körperschaften — und das ist ja auch in dem Vortrage des Herrn Generalsekretärs zum Ausdruck gebracht worden — sich weder gegen einzelne Parteien wenden, noch mit einzelnen Parteien sich stark liieren sollten. Die wirtschaftlichen Körperschaften sollten ihre wirtschaftlichen Interessen in allen bürgerlichen Parteien vertreten, und ich weiß aus meiner Erfahrung: es gibt in allen bürgerlichen Parteien Industrielle, die auch auf dem Boden der Forderungen stehen, die hier ausgesprochen werden.

Meine Herren! Was mich eigentlich veranlaßt zu sprechen, ist der Umstand, daß auf der Generalversammlung des Bundes der Industriellen von dem Herrn Vorsitzenden dieses Bundes auch die Frage des Zusammengehens der verschiedenen industriellen Körperschaften angeschnitten worden ist. Der Herr Vorsitzende hat dort gesagt: Der Bund der Industriellen bedauere die Schwenkung des Centralverbandes Deutscher Industrieller um so mehr, als in den Kreisen der Industrie in beiden Lagern der Wunsch nach einem Zusammengehen schon oft Ausdruck gefunden habe, und gerade in der Gegenwart viele Aufgaben vorlägen, die ein Zusammengehen erwünscht machten. Ich kann diese Worte nur in vollem Umfange bestätigen aus dem Kreise derjenigen Industriellen, mit dem ich zu arbeiten habe.

Man muß sich aber doch nun fragen: Wie kommt es, daß ein solches Zusammengehen tatsächlich nicht stattfindet? Ich glaube, auch die Herren vom Bunde der Industriellen sollten sich doch einmal die Frage vorlegen, und ich bin gern bereit, ihnen Material zur Beantwortung der Frage zur Verfügung zu stellen. Ich will hier einiges darüber mitteilen, ohne Ihre Zeit zu lange in Anspruch zu nehmen.

Ich will hier erklären, daß man in weiten Kreisen der Industrie Anstoß nimmt an der Arbeitsmethode des Bundes der Industriellen, und daß man aus diesem Grunde oft, obgleich man mit ihm Hand in Hand gehen möchte, gar nicht in der Lage ist, das zu tun. (Lebhaftes sehr richtig!) Ich will Ihnen dafür zwei Beispiele geben. Als im Jahre 1911 Industrielle, die dem Centralverband Deutscher Industrieller nahe stehen, aus dem Hansabunde austraten, hat der Bund der Industriellen am 1. Juli 1911 ein Rundschreiben an die Mitglieder des Centralverbandes Deutscher Industrieller gerichtet. In dem Rundschreiben sind diese unter Entstellung der wirklichen Tatsachen, unter Erhebung ungerechtfertigter Vorwürfe gegen den Centralverband Deutscher Industrieller — ich kann es nicht anders sagen — aufgehetzt worden, und sind aufgefordert worden, aus dem Centralverband Deutscher Industrieller auszutreten und dem Bunde der Industriellen beizutreten. (Hört, hört!) Es erinnert dies Verfahren an die schlimmsten Auswüchse des Kundenfanges, wie er im geschäftlichen Verkehr vorkommt, ein Verfahren, wie es von seiten einer industriellen Körperschaft, namentlich auch einer solchen, die auf ein Zusammengehen der Industrie hinwirken zu wollen erklärt, bisher nicht erhört gewesen ist. (Lebhaftes sehr richtig!)

Eine zweite Tatsache liegt mir noch näher. Der Mittelrheinische Fabrikantenverein, den ich vertrete, umfaßt, wie das ja die Konstellation seines Bezirks mit sich bringt, Industriezweige der verschiedensten Art und naturgemäß fast ausschließlich weiter verarbeitende und Fertig-Industrien. In seinen Reihen sind Interessengegensätze verschiedener Gruppen noch niemals, weder früher, noch bis zum heutigen Tage, irgendwie fühlbar geworden. (Hört, hört!) Ich kann weiter sagen: Die leitenden Männer des Fabrikantenvereins haben sich — und ich rufe das Zeugnis des Herrn Generalsekretär Schweighoffer dafür an — stets bemüht, auf ein Zusammengehen des Centralverbandes Deutscher Industrieller und des Bundes der Industriellen hinzuwirken. Meine Herren! Gerade in einem solchen Bezirke ist es vorgekommen, daß der Bund der Industriellen durch seine maßgebenden Geschäftsführer eine Agitation zur Gründung eines Gegenverbandes eingeleitet hat, und zwar in der Form, daß persönlich unter Vermeidung jeglicher Fühlungnahme mit der Leitung des bestehenden Vereins an die einzelnen Industriellen herangetreten wurde, daß unwahre Dinge über den Centralverband Deutscher Industrieller und den Mittelrheinischen Fabrikantenverein verbreitet und daß die Industriellen zu einer Versammlung zusammengerufen wurden. In dieser Versammlung wurde nun von einem Teilnehmer auf den Verein hingewiesen, der bereits seit Jahrzehnten besteht und ein Zusammengehen mit diesem Verein angeregt. Und was hat man darauf getan? Die Herren haben eine Resolution vorgelegt, welche besagte: 1. Der neue Verband wird gegründet. 2. Man wird aber mit dem Mittelrheinischen Fabrikantenverein in Verbindung treten und ist geneigt, mit ihm zusammenzuarbeiten unter zwei Bedingungen: 1. der Fabrikantenverein muß aus dem Centralverband Deutscher Industrieller austreten (Hört, hört!); 2. der Fabrikantenverein muß in den neuen Verband aufgehen. (Lebhafte Heiterkeit.) Die Industriellen, die anwesend waren, haben diesen — ich kann es nicht anders bezeichnen — Trick offenbar nicht verstanden; sie haben eine solche Resolution angenommen (Heiterkeit), durch welche für jeden vernünftigen Menschen ein Riegel vorgeschoben war jedem Versuch einer Verständigung. Trotzdem ist dieser Versuch gemacht worden von seiten der Kreise des Fabrikantenvereins, allerdings naturgemäß persönlich. Aber, meine Herren, alle diese Versuche hat man ignoriert oder vereitelt. Man hat ferner die Behauptungen über den Centralverband Deutscher Industrieller und den Fabrikantenverein, die berichtigt wurden, mehrfach in Zeitungsartikeln und Rundschreiben wiederholt; man hat ferner ein neues System des Mitgliederwerbens begonnen, indem man den Geschäftsführer auf Reisen schickte, damit er die einzelnen Industriellen besuche, und zwar auch diejenigen, die bereits dem bestehenden Verein angehörten, und sie unter Verwendung der früher schon reichlich angewendeten Argumente zum Austritt aus diesem Verein und zum Eintritt in den neuen Verband veranlasse. (Hört, hört!) Alle Berichtigungen, die diesem Verbande zugeschickt wurden, haben ihn nicht veranlaßt, irgendwie auch nur zuzugeben, daß er unrichtige Behauptungen aufgestellt hat; er hat seine Methode bis zum heutigen Tage nicht verlassen. (Hört, hört!) Meine Herren! Ich muß Ihnen erklären: Wenn von seiten des Centralverbandes Deutscher Industrieller in dieser Weise in der Agitation, in der Arbeitsmethode, vorgegangen würde, so würde ich der erste sein, der sofort jede Gemeinschaft mit dem Centralverband

Deutscher Industrieller lösen würde (sehr wahr!), weil ich mit Herrn Dr. Beumer der Ansicht bin, daß die erste Bedingung eines Zusammengehens die Befolgung der Anstandsregeln bildet, die im gewöhnlichen Verkehr üblich sind. (Sehr richtig!)

Meine Herren! Es ist etwas scharf und hart gewesen, was ich gesagt habe, es sind aber Tatsachen, die ich vorbrachte, und ich meine, wenn man schon — und das ist ganz richtig — auf ein Zusammengehen der Industrie hinarbeitet, dann ist Erkenntnis der begangenen Fehler die erste Voraussetzung. Die Fehler, die gemacht worden sind, muß man anerkennen, es muß auf diese Weise der Boden geebnet werden zu einem Zusammengehen; wenn das nicht geschieht, dann ist es eben, so leid es einem tun mag, nicht möglich, zu einer Annäherung zu gelangen.

Ich möchte nun, um kein Mißverständnis aufkommen zu lassen, noch sagen, daß diese Agitation dem von mir vertretenen Verein durchaus nicht geschadet hat, im Gegenteil, er hat an Mitgliederzahl erheblich gewonnen, und wir sind mit diesem Erfolge sehr zufrieden. (Heiterkeit.) Aber aus allgemeinen Rücksichten halte ich mich doch für verpflichtet, hier ganz offen auf die Tatsachen hinzuweisen, und ich würde es sehr begrüßen, wenn man von seiten derjenigen Herren Industriellen in dem Bunde, die wirklich auf das Zusammengehen Wert legen, einmal an eine Prüfung der Verhältnisse herantritt.

Was die Resolution anbelangt, so freue ich mich, daß der Wortlaut eine Fassung erhalten hat, die jedem der im Centralverband Deutscher Industrieller vereinigten Verbände die Zustimmung leicht macht; dies beweist wieder, daß der Centralverband Deutscher Industrieller — das muß immer wieder betont werden — nicht eine einseitige Vertretung industrieller Interessen darstellt, sondern eine Gesamtvertretung der deutschen Industrie. (Lebhaftes Bravo!)

Vorsitzender: Das Wort hat Herr Generalsekretär Stumpf.

Generalsekretär Stumpf-Osnabrück: Meine verehrten Herren! Zur Befürwortung des Beschlußantrages, den unser Herr Geschäftsführer Ihnen vorgelesen hat, glaube ich kaum noch etwas Besonderes sagen zu können. Aber es drängt mich, doch hier noch eine Bemerkung zu machen, die meines Erachtens am Platze ist.

Ich habe es außerordentlich angenehm empfunden, daß Herr Regierungsrat Schweighoffer sich gegenüber den Auslassungen des Bundes der Industriellen so maßvoll und vornehm verhalten und daran eigentlich nur eine recht milde Kritik geübt hat; denn.

meine Herren, mögen die leitenden Persönlichkeiten jener Vereinigung heute auch noch so sehr einen dem Centralverbande Deutscher Industrieller feindlichen Standpunkt vertreten, so hoffe ich doch, daß einmal der Tag kommt, wo man auch in den Kreisen der dort zusammengeschlossenen Industrie die Einsicht gewinnt, wie wenig Grund dazu vorhanden ist, dem Centralverband Deutscher Industrieller gegenüber sich künstlich in eine feindliche Stimmung drängen zu lassen.

Wenn man so lange einer Vereinigung angehört wie ich dem Centralverband Deutscher Industrieller, den ich vor 37 Jahren als junger Mann mit zu begründen die Ehre hatte, dann bedarf man einer Belehrung durch eine übelwollende Presse nicht, um sich von dem Entrüstungsrummel, der gegen den Centralverband Deutscher Industrieller entfacht wurde, ohne Schwierigkeit das richtige Bild zu machen. Ich meine auch, als nach dem Mittelstandstage von seiten unseres Herrn Geschäftsführers in den Organen des Centralverbandes Deutscher Industrieller die Erklärung erlassen wurde, daß in der heutigen Versammlung eine Klarstellung, eine zweifellose Klarstellung der Auffassung des Verbandes würde gegeben werden, da hätte man auch in anderen Kreisen — wenigstens soweit bei ihnen Anstandsgefühl vorhanden war —, diesen Tag ruhig abwarten sollen. (Sehr richtig!) Ich gebe zu, meine Herren, diejenigen Leute, die solches Gefühl nicht haben, bekunden wenigstens ein gewisses Maß literarischer Bildung, indem sie sich das Wort aus Goethes Xenien zur Richtschnur nehmen:

> Im Auslegen seid frisch und munter!
> Legt Ihr's nicht aus, so legt was unter! (Heiterkeit.)

Aber es war doch nicht nötig, es lag doch kein Bedürfnis dazu vor! Man soll doch vor allen Dingen auch in den Kämpfen, die wir zu führen haben, zumal, wenn man mit Gegnern von einigermaßen großzügiger Auffassung zu tun hat, ehrlich bleiben. Und wenn der Bund der Industriellen immer seine Existenzberechtigung davon herleiten will, daß der Centralverband Deutscher Industrieller angeblich die Interessen der Schwerindustrie vertrete, während er die Interessen der verarbeitenden Industrien zu vertreten habe, ja, meine Herren, Unwissenheit kann es bei den Herren nicht sein, die es entschuldigen könnte, wenn eine derartige falsche Behauptung öffentlich aufgestellt wird. Als der Bund der Industriellen 20 Jahre nach dem Centralverband Deutscher Industrieller gegründet wurde, hätte er sich aus der Mitgliederliste des letzteren sehr leicht überzeugen können, daß diese „fable convenue" von der sogenannten verarbeitenden Industrie gegenüber der Schwerindustrie ein lächerliches Märchen ist. Das war es damals und ist es heute. Aber, wie gesagt, ich gebe die Hoffnung nicht auf, daß, je klarer diese Verhältnisse hingestellt werden, desto eindringlicher die Wahrheit zu ihrem Rechte kommen wird, und das ist dasjenige, was ich heute nicht unausgesprochen lassen möchte. (Lebhaftes Bravo!)

Vorsitzender: Meine Herren! Es ist ein Schlußantrag gestellt worden. Zu meiner Genugtuung kann ich sagen, daß durch die Annahme dieses Antrages niemand in seinem Rechte beschwert würde; denn es steht niemand mehr auf der Rednerliste. — Herr Direktor Tafel wünscht noch das Wort. Ich darf wohl annehmen, daß Sie es ihm noch gewähren wollen.

Direktor Tafel-Nürnberg: Meine Herren! Ich möchte nur ganz kurz auf die Bemerkung des Herrn Meesmann erwidern und sagen, daß es mir gar nicht in den Sinn gekommen ist, für irgendeine politische Richtung Propaganda zu machen. Wenn ich mich gegen einzelne Gruppen und Parteien gewendet habe, so waren das, ich möchte dies ausdrücklich feststellen, solche, die uns, den Centralverband Deutscher Industrieller, zuerst angegriffen haben. Wenn wir uns dagegen wehren, und wenn wir sie ebenfalls angreifen, dann treiben wir meiner Meinung nach keine Politik, sondern wir üben einfach das Recht der Notwehr! Wenn wir auf dieses Recht verzichten wollen, können wir uns nicht wundern, wenn wir unter die Räder kommen.

Noch mit einem Satz möchte ich über den Rahmen einer persönlichen Bemerkung hinausgehen: Es ist meiner Meinung nach ein lächerlicher Zustand, daß die Industrie, von der doch schließlich ungefähr zwei Drittel des deutschen Volkes lebt, und daß der Gewerbestand, der anerkanntermaßen eine der festesten Stützen unseres Staatswesens bildet, seit Jahrzehnten immer und immer wieder die gleichen Forderungen aufstellen, wie zum Beispiel die des besseren Schutzes der Arbeitswilligen, und daß trotzdem die Parteien, die angeblich die Interessen dieser Stände vertreten, immer und immer wieder über diese Forderungen zur Tagesordnung übergehen. Ich treibe meiner Ansicht nach ebensowenig Politik, wie ich es vorhin getan habe, wenn ich sage: Der genannte lächerliche Zustand wird erst aufhören, wenn jeder Industrielle und jeder Gewerbetreibende einmal erklärt: Für eine Partei oder eine wirtschaftliche Gruppe, die nicht ohne jeden Rückhalt für solche Kardinalforderungen meines Standes eintritt, habe ich keinen Pfennig und keine Stimme mehr!

Vorsitzender: Ich gebe nunmehr das Schlußwort Herrn Regierungsrat Schweighoffer.

Regierungsrat a. D. Dr. **Schweighoffer:** Meine Herren! Ich darf zunächst meinem lebhaftesten Danke Ausdruck geben für die freundlichen Worte, mit denen mehrere der Herren Vorredner sich zu meinem Auftreten auf dem reichsdeutschen Mittelstandstage geäußert haben, das lediglich veranlaßt war durch die innerste Ueberzeugung von der Notwendigkeit eines Zusammenhaltens unserer Erwerbs- und Berufsstände in den gegenwärtigen Zeitläuften. (Bravo!) Ich würde es als den Haupterfolg der heutigen Versammlung und der heutigen Aussprache ansehen, wenn diejenigen Mitglieder, die sowohl dem Centralverband Deutscher Industrieller wie dem Bunde der Industriellen angehören, darauf hinwirken würden, daß die Gegensätze, die jetzt leider bestehen, beseitigt, und daß die Mißverständnisse, die auf der Gegenseite immer wieder zutage treten, durch ihre Vermittelung aus dem Wege geräumt würden.

Ich komme in meinem Schlußworte noch einmal auf das zurück, was ich schon in meinem Geschäftsberichte gesagt habe: Der Centralverband Deutscher Industrieller hat immer „gegen den Strom" ankämpfen müssen und hat manche Zeiten durchgemacht, wo seine Gegner ihn aufs schwerste befehdet haben. Aber gerade in solchen Zeiten glaube ich, an das alte horazische Wort erinnern zu dürfen, das der Centralverband Deutscher Industrieller sich auch gegenwärtig zu eigen machen kann das Wort: Aequam memento rebus in arduis servare mentem — Gedenke, die in schwierigen Zeitläuften einen gleichbleibenden Sinn zu bewahren! (Lebhaftes Bravo!)

Vorsitzender: Meine Herren! Es liegen Ihnen drei Resolutionen vor. Es ist bis jetzt nur über den ersten Beschlußantrag gesprochen worden; ich glaube annehmen zu dürfen, daß Sie über die zwei anderen Anträge eben nicht haben sprechen wollen, weil diesen Anträgen gegenüber nichts zu sagen war.

Ich bringe die Anträge nun nacheinander zur Abstimmung und möchte, bevor ich die Abstimmung eröffne, noch die Frage stellen, ob Sie Wert darauf legen, daß die Anträge 2 und 3, zu denen nicht gesprochen worden ist, noch verlesen werden. (Zurufe: Nein!) Es wird mir Nein zugerufen, ein Ja höre ich nicht; ich darf also annehmen, daß die Herren einverstanden sind, wenn wir einfach über die Anträge zur Abstimmung schreiten.

Zunächst der Beschlußantrag, der Ihnen verlesen worden ist. Diejenigen Herren, welche gegen die Annahme dieses Beschlußantrages sind, bitte ich, sich zu erheben. — Der Antrag ist einstimmig angenommen. (Lebhaftes Bravo!)

Dann kommen wir, meine Herren, zu dem Beschluß, die Weltausstellung in San Francisko betreffend. Die Verlesung ist nicht gewünscht worden. Ich bringe den Antrag zur Abstimmung. Diejenigen Herren, welche gegen den Antrag sind, bitte ich, sich zu erheben. Der Antrag ist einstimmig angenommen.

Endlich der Beschlußantrag betr. die diesjährige internationale Arbeiterschutzkonferenz. Diejenigen Herren, welche gegen den Antrag sind, wollen sich erheben. — Der Antrag ist einstimmig angenommen.

Meine Herren! Bevor ich die Sitzung schließe, möchte ich noch daran erinnern, daß um 1 Uhr hier in dem Hauptrestaurant den Herren ein kaltes Buffet serviert wird.

Ich habe weiter daran zu erinnern, daß die Geschäftsführung des Centralverbandes Deutscher Industrieller die Herren dringend gebeten hat, heute nachmittag bereits um 3¼ Uhr im Rathause anwesend zu sein. Se. Maj. der König wird nach den letzten Nachrichten um ¾4 Uhr in Leipzig eintreffen und wird vom Bahnhofe aus direkt zu uns kommen, so daß also aller Wahrscheinlichkeit nach Se. Majestät schon vor 4 Uhr im Rathause sein wird. Ich bitte also die Herren, pünktlich 3¼ Uhr da zu sein und dann Ihre Plätze einzunehmen.

Dann, meine Herren, habe ich Ihnen noch ein Telegramm vorzulesen folgenden Wortlauts:

> Der Delegiertenversammlung sende herzliche Grüße, wärmste Wünsche für besten Erfolg ihrer Beratungen und Beschlüsse. Mögen diese wie seit vielen Jahren trotz aller Neider, Lügner und Trüger der deutschen Industrie zum Segen gereichen und möchten die deutschen Industriellen dies wohl anerkennen.
>
> Bueck.

(Bravo!)

Meine Herren! Sie sehen aus dem Telegramm, daß der alte Herr wieder gesund ist. Ich schließe die Sitzung.

Schluß der Sitzung 1 Uhr.

Beschluß.

Die in den letzten Wochen gegen den Centralverband Deutscher Industrieller wegen der Vorgänge auf dem Reichsdeutschen Mittelstandstage in Leipzig am 24. August d. J. erhobenen Angriffe geben der Versammlung der Delegierten des Centralverbandes zu folgender Erklärung Anlaß:

Aus dem Wortlaute der zur allgemeinen Kenntnis gebrachten Erklärungen des Geschäftsführers des Centralverbandes und des Vertreters des Bundes der Landwirte ergibt sich, das irgendwelche Abmachungen handelspolitischer oder sonstiger Art nicht erörtert und noch weniger getroffen worden sind.

Der Centralverband Deutscher Industrieller, der mit dem Verein zur Wahrung der Interessen der chemischen Industrie Deutschlands und der Centralstelle für Vorbereitung von Handelsverträgen in grundsätzlichen Beratungen darüber begriffen ist, inwiefern unser Zollsystem vom Standpunkte der einzelnen Zweige der Industrie einer Nachprüfung und Abänderung bedarf, hat sich bereits mehrfach dahin ausgesprochen, daß er einer weiteren Erhöhung der von weiten Kreisen der Gesamtheit als hoch empfundenen Zölle auf Lebensmittel und einem sogenannten lückenlosen Zolltarif nicht zustimmen kann.

Auf der anderen Seite wiederholt der Centralverband seine bereits am 6. Februar 1891 abgegebene Erklärung, daß die in ihm vereinigte Industrie keine Vorteile anstrebt, welche nur auf Kosten der Landwirtschaft erreicht werden können. Er geht hierbei von der Erwägung aus, daß das in erster Linie zu erstrebende wirtschaftspolitische Ziel die Sicherstellung genügender Arbeitsgelegenheit für landwirtschaftliche und industrielle Arbeiter sowie die Erhaltung und Erweiterung der vaterländischen Erwerbstätigkeit ist und daß, wie es vom Fürsten Bismarck mehrfach als Grundgedanke seiner ganzen Wirtschaftspolitik ausgesprochen worden ist, hierin die Interessen von Landwirtschaft und Industrie solidarisch sind.

In gleicher Weise hält es der Centralverband Deutscher Industrieller für seine Pflicht, auf dem Gebiete der Sozialpolitik unter Beachtung der Erfordernisse der Volkswirtschaft enge Fühlung zu unterhalten und gemeinsame Arbeit zu leisten mit allen denjenigen Kreisen, welche, auch ohne dem Centralverbande anzugehören, für Aufrechterhaltung der Autorität des Arbeitgebers in den Betrieben und wirksamen Schutz der Arbeitswilligen einzutreten gewillt sind. Bei dieser Fühlungnahme und bei dieser gemeinsamen Arbeit sind alle einseitigen Interessenfragen auszuschalten, aber alle Berufsstände zu beteiligen, denen es um Verfolgung derjenigen Ziele zu tun ist, welche die Stärkung des Reichs und die Abwehr umstürzlerischer Bestrebungen im Interesse des Gemeinwohls, insbesondere der arbeitenden Klassen, bezwecken.

Beschluß.

Der Centralverband Deutscher Industrieller gibt anläßlich der Erörterungen, die gegenwärtig in der Presse über die Frage einer Beteiligung Deutschlands an der Weltausstellung in San Franzisko gepflogen werden, der Ueberzeugung Ausdruck, daß die überwiegende Mehrheit der deutschen Industrie auf ihrem ursprünglich zu dieser Frage eingenommenen Standpunkte beharrt und nach wie vor einer Beschickung dieser Ausstellung durchaus abgeneigt ist.

Der Centralverband spricht den Verbündeten Regierungen seinen Dank dafür aus, daß dieser Anschauung, die bei den Beratungen der zuständigen Reichsbehörden mit den berufenen Vertretungen der Industrie zum Ausdruck gebracht wurde, durch die Ablehnung einer Beteiligung des Deutschen Reiches Rechnung getragen worden ist.

Die Gründe, welche für die Haltung der Regierung der Oeffentlichkeit bekanntgegeben worden sind, erkennt der Centralverband als richtig an. Darüber hinaus aber pflichtet er auch den Gründen bei, die von der Ständigen Ausstellungskommission für die deutsche Industrie in ihrer Kundgebung vom 6. September d. J. für ihren gleichfalls ablehnenden Standpunkt geltend gemacht worden sind. Neben den wenig ermutigenden Ergebnissen der früheren amerikanischen Weltausstellungen sind es vor allem die großen Mißstände, die in den Vereinigten Staaten auf zollpolitischem und auf dem Gebiete des Urheber- und Gewerbeschutzes zu schwerem Nachteil der ausländischen Produktion bestehen, welche es auszuschließen scheinen, daß die deutsche Industrie von einer Ausstellung in San Franzisko nennenswerte Vorteile für sich gewinnen könnte. Des weiteren sind aber auch die außerordentlichen Kosten, die den Ausstellern entstehen würden, geeignet, jeden wirtschaftlichen Nutzen einer solchen Teilnahme von vornherein auszuschließen.

Beschluß.

Der Centralverband Deutscher Industrieller gibt im Hinblick auf die diesjährige Internationale Arbeiterschutzkonferenz in Bern der Erwartung Ausdruck, daß die Verbündeten Regierungen den Anträgen der internationalen Vereinigung für Arbeiterschutz auf Verbot der Nachtarbeit für jugendliche Arbeiter bis zum vollendeten 18. Lebensjahre, sowie auf gesetzliche Einschränkung der Ueberarbeit für Frauen und junge Leute im Alter bis zu 18 Jahren ihre Zustimmung versagen werden.

Es haben weder die gegenwärtig in den einzelnen Industrien üblichen Arbeitszeiten zu irgendwie wesentlichen Schädigungen der jugendlichen Arbeiter und der Frauen geführt, noch geht die bisherige Arbeitsdauer über das den wirtschaftlichen und sozialen Verhältnissen Deutschlands entsprechende Maß hinaus. In einem Zeitpunkte, in welchem die Existenzbedingungen weiter Kreise der deutschen Industrie durch die bevorstehende Neuregelung der Handelsverträge aufs stärkste berührt werden, hält der Centralverband eine weitere Belastung der Industrie durch Einschränkung der Arbeitszeit für ganz besonders unangebracht. Es hat sich gezeigt, daß gewisse Vertragsstaaten es an der strikten Durchführung der internationalen Abmachungen haben fehlen lassen, so daß die ursprüngliche Absicht, durch internationale Vereinbarungen eine Benachteiligung einzelner Länder im Wettbewerbe auf dem Weltmarkt auf Grund von Arbeiterschutzmaßnahmen zu verhüten, vielfach vereitelt worden ist. Es muß unter diesen Umständen vor einer jeden weiteren Abmachung auf diesem Gebiete gefordert werden, daß zunächst erst einmal die Durchführung der bestehenden internationalen Vorschriften in allen Vertragsstaaten unter eine ebenso sorgfältige Kontrolle, wie sie in Deutschland besteht, gestellt wird.

Empfang durch den Rat der Stadt Leipzig
und
Festsitzung des Centralverbandes Deutscher Industrieller im Neuen Rathause
am Montag, den 15. September 1913, nachmittags 3 Uhr.

Am 15. September, nachmittags 3 Uhr, fand in den Festräumen des Neuen Rathauses ein vom Rat der Stadt Leipzig dargebotener Empfang statt, dem sich eine Festsitzung anschloß, der der König Friedrich August von Sachsen mit Gefolge beiwohnte. Der König traf um 4 Uhr nachmittags ein und wurde am Portal des Rathauses von dem Vorsitzenden des Centralverbandes, Landrat a. D. Rötger, und dem Geschäftsführer, Dr. Schweighoffer, empfangen und in den Festsaal geleitet. Nachdem der König die ihm persönlich bekannten anwesenden Herren begrüßt hatte, ergriff der Vorsitzende des Centralverbandes Deutscher Industrieller Landrat a. D. Rötger das Wort und begrüßte den König mit folgender Ansprache:

„Eure Majestät wollen Allergnädigst zu gestatten geruhen, daß ich zunächst dem ehrfurchtsvollen Danke der hier versammelten Vertreter des Centralverbandes Deutscher Industrieller für die uns durch Allerhöchstderen Besuch in dieser Festsitzung erwiesene außerordentliche Ehre ehrerbietigsten Ausdruck verleihe.

Eurer Majestät reichgesegnete Lande, dessen gedenken wir in dieser festlichen Stunde mit besonderem Nachdruck, stehen in industrieller Entwickelung und industrieller Vielseitigkeit an der Spitze der deutschen Bundesstaaten.

In langsamem, gesundem Vorwärtsschreiten, ausgehend von den wasserkräftereichen Tälern des Sachsenlandes, mit einer arbeitsamen und unternehmungstüchtigen Bevölkerung hat sich unter einer weisen Regierung weitblickender Fürsten aus kleinen Anfängen eine Industrie entwickelt, welche auf fast allen Gebieten des modernen Bedarfs mit den Industrien der ganzen Welt in erfolgreichem Wettbewerb steht.

Als eine bedeutungsvolle Etappe auf dem langen Wege zielbewußter Fürsorge, welchen schon Eurer Majestät erlauchte Vorfahren in der Krone beschritten haben, dürfen wir den heutigen gnädigen Besuch werten. Freudigen Widerhall wird dieser Beweis gnädigen Interesses in allen Gauen des Deutschen Reiches wecken, wo überall deutsche industrielle Arbeit geleistet wird zur Hebung deutscher Kultur, deutscher Lebensführung in allen Kreisen unserer Bevölkerung, insonderheit auch der Handarbeitenden, und zur Festigung und Wahrung der Weltgeltung unseres teueren Vaterlandes.

In welcher Weise der Centralverband Deutscher Industrieller zum Schutze und zur Förderung der nationalen Arbeit an diesen Aufgaben zu seinem Teil mitarbeitet, dies in Kürze darzulegen, bitte Eure Majestät ich um gnädige Erlaubnis.

Ziel und Arbeit des Centralverbandes Deutscher Industrieller.

Der Bahnbrecher der nationalen Wirtschaftspolitik Bismarcks und der Vorkämpfer seiner Sozialreform gewesen zu sein, 1½ Jahrzehnte als Arbeits- und Kampfgenosse dem Großmeister der deutschen Realpolitik zur Seite gestanden zu haben, ist das grundlegende geschichtliche Verdienst, welches der Centralverband Deutscher Industrieller für sich in Anspruch nehmen darf. Und als eine seiner bleibenden Hauptaufgaben erachtet er es, die Grundgedanken Bismarcks als Grundbedingungen des Gedeihens unserer Volkswirtschaft auch für die Zukunft zu wahren und zu pflegen.

Gegen den Strom! hieß die Schrift, die vor nunmehr 38 Jahren der Begründung des Centralverbandes unmittelbar voraufging.

Ihr Verfasser, der verdienstvolle verstorbene Parlamentarier von Kardorff-Wabnitz, wurde der erste Führer des Centralverbandes, er wollte die verschiedenen Industriezweige zu einheitlicher Organisation zusammenfassen, um so deren gemeinsame Bedürfnisse wirksam zum Ausdrucke zu bringen und auch auf die gesetzgebenden Körperschaften den Einfluß zu gewinnen, welcher der Bedeutung der deutschen Industrie entspricht. Gegen den Strom! war die Losung, unter der der Centralverband sich sein Recht aufs Dasein zu erkämpfen hatte. Gegen den Strom der damals allmächtigen, zum Axiom gewordenen Freihandelslehre galt es zu schwimmen; rund 95 v. H. der deutschen Einfuhr ging damals zollfrei ein. Die Herrschaft dieses Systems galt es zu brechen. Der durchschlagende Erfolg steht verzeichnet in den Annalen der deutschen Wirtschaftsgeschichte, er bedeutet die grundsätzliche **Abkehr vom Freihandel** und die **Einführung des Schutzes der nationalen Arbeit** als Grundlage der deutschen Wirtschafts- und Handelspolitik. Daß sich Fürst Bismarck hierzu hat bestimmen lassen und selber mit der ihm eigenen, Hindernisse und Hemmungen sieghaft überwindenden Kraft die Initiative ergriff, ist wesentlich der Tätigkeit des Centralverbandes zu danken. Des Centralverbandes damalige umfangreiche Arbeiten und Untersuchungen, die besonders auf umfassende und gründliche Ermittelungen über die Lage und die Bedürfnisse der damals schwer notleidenden Industrie gerichtet waren, haben in dem großen Kanzler die Ueberzeugung geweckt und gefestigt, daß der Niedergang unseres wirtschaftlichen Lebens, der, um nur an einiges zu erinnern, im Ausblasen der Hochöfen, in der Stillstellung der Spindeln und Webstühle, in der Entlassung tausender fleißiger Arbeiter zur Erscheinung kam, nur aufzuhalten und ein Aufschwung nur zu erzielen sei durch die Einführung von Zöllen, die der nationalen Arbeit, gegenüber der überlegenen Konkurrenz des in den Produktionsbedingungen günstiger gestellten Auslandes, den unbedingt nötigen Schutz gewährten. Hauptsächlich der Agitationsarbeit des Centralverbandes war es zu danken, daß aus den Reichstagswahlen des Jahres 1878 eine Mehrheit, die sogenannte „Wirtschaftliche Vereinigung", hervorging, die mit Bismarck eine Reform des deutschen Zolltarifs für notwendig erklärte und annahm.

Als mit der Annahme des neuen Tarifs durch den Reichstag und mit dem Erlaß des Zollgesetzes vom 15. Juni 1879 der Uebergang zum maßvollen Schutzzollsystem vollzogen war, galt die weitere Arbeit des Centralverbandes der zielbewußten Neugestaltung der nunmehr unter der Losung „Schutz der nationalen Arbeit" stehenden Handelspolitik des Deutschen Reiches. Der Centralverband hat stets die Ueberzeugung vertreten, daß nur durch langfristige Handelsverträge die notwendige Sicherheit und Stetigkeit für Industrie und Handel zu schaffen sei. Von jeher hat er hierbei alle Maßnahmen und Bestrebungen unterstützt, die auf Hebung und Förderung des deutschen Exports abzielen, in der Erkenntnis, daß die Erhaltung und die ersprießliche Entwickelung unserer Industrie durch den Absatz eines wesentlichen Teiles ihrer Erzeugnisse auf den Auslandsmärkten bedingt ist, und hiervon insbesondere auch das Wohl und Wehe der stetig wachsenden Arbeiterbevölkerung abhängt. Zum Zwecke der gewissenhaftesten und sorgsamsten Vor- und Mitarbeit aller interessierten Kreise bei den neu zu schaffenden oder zu revidierenden Zolltarifen und Handelsverträgen hat der Centralverband mit Erfolg auf die Unterstützung der Regierung durch eine ständige Organisation der beteiligten Wirtschaftskreise hingewirkt. So ist es der Initiative des Centralverbandes zu danken gewesen, daß sich im Jahre 1893 ein Zollbeirat bildete, der die Fehler vermeiden half, die bei dem vorangegangenen, unzulänglich vorbereiteten deutsch-österreichischen Handelsvertrage begangen worden waren; dieser Zollbeirat hat bei den folgenden Handelsverträgen die besten Dienste verrichtet. Den Anregungen des Centralverbandes beim Reichsamt des Innern verdankt das deutsche Wirtschaftsleben die im Jahre 1897 erfolgte Schaffung des Wirtschaftlichen Ausschusses zur Vorbereitung und Begutachtung handelspolitischer Maßnahmen, der, wie schon sein Name besagt, auf dem Gebiete der Handelspolitik dem Reichskanzler mit der in ihm vertretenen, Landwirtschaft, Industrie und Handel umfassenden Sachkunde beratend zur Seite steht. Die deutsche Produktionsstatistik, ein unschätzbares Hilfsmittel für die Führung unserer Handelspolitik, ist auf die Anregung dieses Ausschusses zurückzuführen.

Dem Zwecke, die Interessen und Ansprüche der Industrie so umfassend und wirksam wie möglich bei den Verhandlungen über die Erneuerung der in einigen Jahren ablaufenden Handelsverträge vertreten zu können, widmet sich seit mehr als Jahresfrist die sog. Interessengemeinschaft, die der Centralverband, zusammen mit dem Verein zur Wahrung der Interessen der chemischen Industrie Deutschlands und der Centralstelle für Vorbereitung von Handelsverträgen vor etwa einem Jahrzehnt gebildet hat. Es steht zu hoffen, daß in dieser Zusammenarbeit der genannten hochangesehenen wirtschaftlichen Körperschaften unter der Führung des Centralverbandes Grundlagen geschaffen werden, welche für die amtliche Behandlung dieser für unser Wirtschaftsleben vielleicht wichtigsten Fragen der nächsten Zukunft von höchstem Werte sein dürften.

Hierbei dürfte es nicht zweifelhaft sein, daß diese Zusammenarbeit nur gelingen kann auf der Basis eines maßvollen Schutzes der nationalen Arbeit. Auch in Zukunft wird der Centralverband hochschutzzöllnerische Tendenzen, d. h. solche, die über das unbedingte Bedürfnis hinausgehen, bekämpfen, wie er sie bisher stets und konsequent bekämpft hat.

Der Centralverband vertritt hierbei allerdings den Standpunkt, daß die Rücksichten der nationalwirtschaftlichen Gesamtwohlfahrt und der Fortführung einer gedeihlichen Wirtschaftspolitik zwingend die Betonung der Solidarität der Interessen der einzelnen Industriezweige unter sich, sowie von Industrie und Landwirtschaft fordern, weil alle diese einzelnen Teile unseres nationalen Erwerbslebens auf Gedeih und Verderb auf einander angewiesen sind. Der Centralverband erachtet es daher als seine nationale Pflicht, den anderen großen Produktivständen der deutschen Wirtschaft den ihnen erforderlichen Schutz in derselben Weise zuzugestehen, wie er ihn für die Industrie erfordert, und ist überzeugt, daß auch in immer weiteren Kreisen die Erkenntnis Platz greift, daß gleicher Schutz und gleiche Förderung der nationalen Arbeit insonderheit in Landwirtschaft und Industrie gewahrt werden muß, sollen deutscher Unternehmungsgeist und deutsche Volkskraft, die festen Stützen des deutschen Wirtschaftslebens und der für dasselbe unentbehrlichen Weltmachtstellung des Deutschen Reiches, erhalten bleiben.

Die Pflege der deutschen Volkskraft, die Erhaltung und Stärkung der im deutschen Volke vorhandenen Arbeitskraft für nationale Zwecke, das ist die andere Seite der Arbeit des Centralverbandes. In der vordersten Reihe derer, die zu der Sozialreform, wie sie von der Kaiserlichen Botschaft vom 17. November 1881 inauguriert worden ist, Anregung und Anstoß gegeben haben, steht der Centralverband. Einer seiner hervorragendsten Mitarbeiter, der verstorbene Freiherr von Stumm-Halberg, ist einer der ersten gewesen, die eine erhöhte Sicherung der Existenz der Arbeiter und ihrer Angehörigen durch gesetzgeberische Maßnahmen, zunächst durch Altersversicherungs- und Invalidenkassen, gefordert haben, und schon 1879 ist der Centralverband grundsätzlich für die staatliche Arbeiterfürsorge eingetreten. Daß von vornherein sozialer Geist in dem Centralverband lebte, beweist ferner, daß einer unserer Führer aus den ersten Lebensjahren des Centralverbandes, der verstorbene Geheime Kommerzienrat Baare, schon im Jahre 1880 eine Abhandlung über die Arbeiterunfallversicherung veröffentlicht hat, welche ihm eine Einladung zum Reichskanzler Fürsten Bismarck nach Friedrichsruh eintrug. Die Kaiserliche Botschaft vom 17. November 1881 hat der Centralverband mit wärmster Genugtuung und lebhaftester Zustimmung begrüßt und sie bis zum heutigen Tage als eine epochemachende und nationale Großtat gewürdigt. In einer Erklärung des Direktoriums des Centralverbandes aus dem Jahre 1882 hieß es: „Die Industriellen erkennen vollkommen an, daß die Hebung und Besserung der sozialen Lage der arbeitenden Klassen für das Gedeihen der deutschen Volkswirtschaft und für ein erfolgreiches Zusammenwirken von Kapital und Arbeit dringend wünschenswert ist. Sie haben daher die aus reiflicher Erwägung hervorgegangene ernste Absicht, die Pläne der Verbündeten Regierungen nach besten Kräften zu stützen und zu fördern.“ Niemals ist der

Centralverband für den Stillstand der sozialen Gesetzgebung eingetreten, wohl aber hat er es für seine Pflicht gehalten, wiederholt vor zu schnellem Tempo, vor hastigem und sprungweisem Fortschreiten zu warnen und auf die Grenzlinien hinzuweisen, wie sie Fürst Bismarck gezogen hat, wenn er, das erste Mal bereits in einer Reichstagsrede im Jahre 1882, die Rücksichtnahme auf die Tragfähigkeit der Industrie geltend gemacht hat und die Frage gestellt hat: „Wo ist die Grenze, bis an welche man die Industrie belasten kann, ohne dem Arbeiter die Henne zu schlachten, die ihm die Eier legt?". Vor Ueberschreitung dieser Grenze hat der Centralverband oft genug warnen zu müssen geglaubt.

Wie der Arbeiterversicherung, so hat der Centralverband der Arbeiterschutzgesetzgebung grundsätzlich zugestimmt, und zwar auch schon vor der bahnbrechenden Kaiserbotschaft von 1881. Bereits im Februar 1878 hatte er einen besseren Schutz der Kinder und weiblichen Personen gefordert und die prinzipielle Auffassung vertreten, daß die Auswüchse der Gewerbeordnung vom Jahre 1869, die durch weitgehende Befolgung des Grundsatzes von „laisser faire laisser aller" gezeitigt worden waren, durch die Erfüllung der staatlichen Pflicht, die Schwachen zu schützen, zu beseitigen seien. Dahingegen aber hat der Centralverband ebenso grundsätzlich diejenigen Absichten und Maßnahmen der Sozialpolitik bekämpft, welche die Grundlagen des nationalen Wirtschaftslebens zu verschieben, zu erschüttern oder zu untergraben drohen, von deren Aufrechterhaltung das Gedeihen der Industrie, der Unternehmer wie der Arbeiter, und der ganzen Volkswirtschaft abhängig ist. Hier richtet sich der grundsätzliche Widerspruch des Centralverbandes vor allem gegen die Gefährdung der Stellung des Unternehmers, die er, wie in einem Beschlusse des Centralverbandes vom Jahre 1905 gesagt ist, einnehmen muß, wenn durch das Zusammenwirken von Intelligenz, Kapital und Arbeit im Rahmen der bestehenden Staats- und Wirtschaftsordnung die notwendige höchste Wirkung erzielt werden soll. Unter dem Gesichtspunkte der Arbeiterwohlfahrt hat der Centralverband seine sozialpolitische Haltung in folgendem festgelegt: Die allseitig angestrebte Verbesserung der Lage der arbeitenden Klassen hat die Aufrechterhaltung und die entsprechende Steigerung der nationalen Gütererzeugung zur unumgänglichen Voraussetzung. Ohne eine Vermehrung der für den jährlichen Verbrauch zur Verfügung stehenden Gütermenge fehlt es an der Grundlage für eine gesteigerte Lebenshaltung und für den vermehrten Verbrauch der breiten Massen der Bevölkerung; ein Rückgang der nationalen Gütererzeugung und folglich des nationalen Wohlstandes würde in seinen Folgen gerade die arbeitenden Klassen an erster Stelle und am empfindlichsten schädigen. Solcher Stellungnahme liegt das dem Centralverband gesteckte Ziel „Förderung und Wahrung der nationalen Arbeit“ zugrunde. „Diese“, so wurde in einer Denkschrift des Centralverbandes aus dem Jahre 1887 gesagt, „ist nur auf einer nach jeder Richtung möglichst günstig gestalteten Lage der Arbeiterbevölkerung zu erzielen. Den zur äußersten Schärfe zugespitzten Wettbewerb im Innern, und mehr noch auf dem Weltmarkte, wird keine Industrie bestehen können mit Arbeitern, die in ihren berechtigten Interessen zurückgedrängt und vernachlässigt werden. Andererseits aber werden diese Interessen der erforderlichen Pflege und Förderung entbehren, wird sich die Gesamtlage der Arbeiter sicher verschlechtern müssen, wenn dem Arbeitgeber die Bedingungen für eine ersprießliche Tätigkeit rücksichtslos gestört oder entzogen werden.“ Aus dieser fundamentalen Aufgabe der Förderung und Wahrung der nationalen Arbeit ergibt sich für den Centralverband die Pflicht, alles daran zu setzen, daß den Unternehmern die autoritative Stellung den Arbeitern gegenüber gewahrt bleibt, und aus dieser Erkenntnis heraus ergibt sich auch die Stellungnahme des Centralverbandes gegenüber der Sozialdemokratie. Diese unter Einsetzung aller erlaubten Mittel zu bekämpfen, hat der Centralverband stets als eine seiner vornehmsten Aufgaben erachtet. Nichts liegt ihm ferner, als Parteipolitik zu treiben. Er steht jenseits der parteipolitischen Bekenntnisse und Interessen. Aber er steht unverbrüchlich fest auf dem nationalen Boden der bestehenden staatlichen und wirtschaftlichen Ordnung, und die Sozialdemokratie, die nicht auf diesem Boden steht, ist deshalb sein unbedingter Gegner. Die Sozialdemokratie fußt auf dem Gegensatz zwischen Unternehmertum und Arbeiterschaft. Sie hat es verstanden, zwischen beiden eine Kluft zu schaffen und diese immer mehr zu erweitern und zu vertiefen. Sie sucht die versöhnlichen Wirkungen der der Arbeiterfürsorge dienenden sozialpolitischen Gesetzgebung zu verhindern. Weil dieses so ist, deshalb fordert der Centralverband entschiedene und wirksame Maßregeln zur Bekämpfung der Machtstellung und hauptsächlich des Terrorismus der Sozialdemokratie und einen wirksameren Schutz gegen die Vergewaltigung der Arbeitswilligen. Denn diese Vergewaltigung unterdrückt die individuellen Arbeitsrechte, auf denen unser Wirtschaftsleben beruht und deren Schutz eine der Hauptaufgaben des modernen Staates ist; diese Vergewaltigung Arbeitswilliger durchbricht die Rechtsordnung und hebt sie auf, die zu gewährleisten die wichtigste Staatspflicht bildet.

Der nationale Gedanke, der den Schutz der nationalen Arbeit nach außen und nach innen fordert, hat den Centralverband ins Leben gerufen, er wird ihn als Leitstern auch ferner begleiten. „Wir müssen unsere deutschen Erwerbsstände," hat Fürst Bismarck in seinen „Tischgesprächen" einmal gesagt, „den Stamm unseres Volkes halten und kräftigen: das muß die Richtschnur für unsere innere Politik sein." Das ist auch die Richtschnur der wirtschafts- und sozialpolitischen Arbeit des Centralverbandes für Gegenwart und Zukunft. Um die ganze große Zukunft handelt es sich dabei: darum, unser nationales Wirtschaftsleben so zu erhalten und zu gestalten, daß es die Grundlage gewährt, auf welcher unser deutsches Volk seine politische Größe, seine Stellung unter den ersten Völkern der Erde mit Festigkeit behaupten kann, unseren spätesten Enkeln zum Heil und Segen!"

Landrat Rötger forderte die Versammlung auf, ein dreifaches Hurra auf den König als den Schützer und Förderer der sächsischen Industrie auszubringen, in das alle Anwesenden begeistert einstimmten. Der König dankte in freundlichen Worten für diese Huldigung und sprach seine Genugtuung aus, die Ziele und Arbeiten des Centralverbandes kennen gelernt zu haben. Er hoffe und wünsche, daß diese auch fernerhin der deutschen Industrie zum Segen gereichen werden.

Gemeinsame Tagung

deutscher und österreichischer Industrieller.

am 16. September 1913, vormittags 10 Uhr, zu Leipzig im großen Kongreßsaale der Internationalen Baufach=Ausstellung.

Vorsitzender Landrat a. D. **Rötger**: Meine Herren! Zugleich im Namen des Herrn Präsidenten des Zentralverbandes der Industriellen Oesterreichs habe ich die Ehre, die Tagung der beiden Centralverbände Deutscher Industrieller und der Industriellen Oesterreichs zu eröffnen, ebenfalls zugleich im Namen des Herrn Präsidenten Dr. Brosche darf ich die Herren herzlich willkommen heißen. Wir beide, die Vorsitzenden der beiden Centralverbände richten durch meinen Mund einen Willkommengruß auch an die Vertreter der hohen Behörden, die uns heute die Ehre geben, unter uns erschienen zu sein, um an unseren Verhandlungen teilzunehmen. Ich begrüße hier die Vertreter der deutschen Reichsämter, den Herrn Direktor im Reichsamte des Innern, Wirkl. Geh. Oberregierungsrat Müller, als Vertreter des Herrn Staatssekretärs des Innern, und den Herrn Geh. Legationsrat und Vortragenden Rat im Auswärtigen Amt von Stockhammern, als Vertreter des Herrn Staatssekretärs des Auswärtigen Amtes. Ich hoffe, daß die Vertreter dieser hohen Behörden mit dem Eindruck aus der heutigen Tagung heimkehren werden, daß gemeinsame Interessen über die Grenzpfähle des Deutschen Reiches und des österreichischen Kaiserstaates hinaus vorhanden sind, die die Industriellen zu gemeinsamer Arbeit veranlassen könnten und sollten.

Ebenso herzlich begrüße ich die Herren Vertreter der Königlich Sächsischen Staatsbehörden, den Herrn Geh. Regierungsrat Morgenstern, als Vertreter des Herrn Ministers des Innern, den Herrn Ministerialdirektor Dr. Elterich, als Vertreter des Herrn Finanz=

ministers. Ich begrüße ferner die Behörden, die in Leipzig ihren Dienstsitz haben und die heute vertreten sind durch Herrn Geh. Regierungsrat Dr. Ayrer, als Vertreter des Herrn Kreishauptmanns, und begrüße vor allen Dingen den Herrn Vertreter der Stadt Leipzig, welche in so gastlicher Liebenswürdigkeit uns in ihren Mauern aufgenommen hat. Insbesondere heiße ich unter diesen Herren, die von seiten des Rates und der Stadtverordneten-Versammlung von Leipzig hier sind, den Herrn Oberbürgermeister der Stadt herzlich willkommen und richte den speziellen Dank durch den Herrn Oberbürgermeister an den Rat der Stadt Leipzig, daß er uns bei dem Arrangement der heutigen Veranstaltungen seine hilfreiche Hand in liebenswürdigster Weise zur Verfügung gestellt hat.

Dann, meine Herren, habe ich zu begrüßen den Herrn Präsidenten der Handelskammer Leipzig, Herrn Kommerzienrat Schmidt, der durch seine Anwesenheit kundgibt, daß die Handelskammer, wie das ja an sich nicht anders zu erwarten — es ist aber schön, daß es auch zum äußeren Ausdruck kommt —, unseren gemeinsamen Verhandlungen mit Interesse folgt.

Meine Herren! Im Anschlusse an diese Begrüßungsworte möchte ich nun noch einige Worte an die Herren des Zentralverbandes der Industriellen Oesterreichs, als Vorsitzender des Centralverbandes Deutscher Industrieller zu richten mir gestatten. Wir haben bereits im vorigen Jahre im Anschluß an ein Zusammensein österreichischer Industrieller und Gewerbetreibender und deutscher Industrieller und Gewerbetreibender in München eine Korrespondenz geführt zwischen Berlin und Wien und diese Korrespondenz hat Veranlassung gegeben, daß im Anfang des Frühjahrs dieses Jahres die Leitung des Zentralverbandes der Industriellen Oesterreichs an uns mit dem Vorschlage herantrat, im schönen Leipzig anläßlich der hochinteressanten Internationalen Baufachausstellung eine Begegnung der beiden für das österreichische und für das deutsche Wirtschaftsleben bedeutsamen Korporationen zu veranstalten. Diese Anregung ist von uns gern und mit großer Genugtuung aufgenommen worden. Glauben wir in derselben doch vor allem den lebhaften Wunsch erblicken zu sollen, auf dem fruchtbaren Boden gegenseitigen Gedankenaustausches unseren gemeinsamen Interessen Förderung angedeihen zu lassen.

Nicht im Gegensatz, meine Herren, zu bestehenden Organisationen, sondern völlig unabhängig von äußerem Zwang soll unser heutiges Zusammensein der Aussprache über wichtige Probleme unseres Interessenkreises gewidmet sein. Die Anregungen, welche die beiden auf der Tagesordnung stehenden Vorträge uns geben werden, sollen dieser

Interessengemeinschaft Ausdruck geben, die Grundlage geben zu dem zwanglosen Gedankenaustausch im Verlaufe des heutigen und des morgigen Tages, eines Gedankenaustausches, bei dem meines Erachtens häufig sehr viel mehr herauskommt, als wenn langatmige Diskussionen an einen solchen Vortrag geschlossen werden. Insonderheit wird Gelegenheit in den Unterhaltungen gegeben sein bei den Veranstaltungen, welche aus Anlaß unseres Zusammenseins die sächsische Industriemonopole uns darbietet. Es werden ja heute mittag Vorführungen hier in der Ausstellung stattfinden und die Herren werden sich erinnern, daß auch morgen Gelegenheit gegeben ist, dank weitgehenden Entgegenkommens verschiedener Leipziger Firmen uns hier umzusehen und gemeinsame Führungen durch ihre Werke vorzunehmen.

Möge dieses erste Zusammensein — mit diesem Wunsche möchte ich schließen — der beiden Centralverbände den gleichgerichteten Interessen der beiden großen Wirtschaftsgebiete recht förderlich sein. Das ist der Wunsch des Centralverbandes Deutscher Industrieller, mit dem ich den verehrlichen Zentralverband der Industriellen Oesterreichs nochmals namens unseres Centralverbandes auf das Allerherzlichste willkommen heiße. (Lebhaftes, langanhaltendes Bravo.)

Der Herr Präsident des Zentralverbandes der österreichischen Industriellen!

Präsident Sektionschef a. D. Dr. Brosche: Meine hochverehrten Herren! Gestatten Sie mir zunächst, für die liebenswürdigen Worte der Begrüßung Ihres hochverehrten Herrn Vorsitzenden meinen wärmsten Dank auszusprechen, den wärmsten Dank des Zentralverbandes der Industriellen Oesterreichs und aller ihm angeschlossenen und befreundeten Körperschaften, welche er vertritt. Ich bin auch beauftragt, die wärmsten Grüße des Bundes der österreichischen Industriellen zu überbringen.

Mit lebhafter Freude haben wir die Gelegenheit einer Zusammenkunft mit dem Centralverband Deutscher Industrieller ergriffen. Sind doch die Beziehungen des Deutschen Reiches und Oesterreichs so enge, ist doch die Bundesfreundschaft, welche die beiden großen Nachbarreiche verbindet, eine so festgefügte und so unerschütterliche, daß schon aus diesem Grunde die österreichische und die deutsche Industrie einander nahestehen. Sind doch wir, die wir Mitglieder großer Organisationen eines und desselben Berufstandes sind, durch unsere Verbände schon seit Jahren in regem schriftlichen Verkehr und in bestem Einvernehmen. Da mußte wohl früher oder später auch das Moment des persönlichen Kontaktes hinzutreten, für den kein besserer Anlaß gefunden werden konnte als ein Besuch der herrlichen Stadt Leipzig und ihrer großartigen Ausstellung.

Jedem unserer Verbände obliegt die konsequente nachdrückliche Wahrung der Interessen seiner vaterländischen Industrie. Wenn auch dieser Zweck unserer Organisationen in mancher Richtung Gegensätze auslöst, so ergibt sich doch auf anderen Gebieten ein Parallelismus von Interessen, der die Grundlage unserer heutigen Tagung bildet. Sie wird, ich zweifle nicht daran, uns wichtige Aufschlüsse und Anregungen bieten.

Indem ich der Hoffnung Raum gebe, daß die Tagung eine baldige Fortsetzung auf österreichischem Boden finden wird, wo Sie stets liebe und willkommene Gäste sein werden (Bravo!), bitte ich den Centralverband und seinen hochverehrten Herrn Präsidenten, noch unseren wärmsten Dank für den uns bereiteten liebenswürdigen Empfang entgegenzunehmen, und insbesondere unseren Dank auch dafür, daß uns Gelegenheit geboten war, der gestrigen so hochinteressanten Delegiertenversammlung und der glänzenden Festsitzung des Centralverbandes als Zuhörer beizuwohnen. (Lebhaftes Bravo!)

Vorsitzender: Ich gebe nun das Wort dem Herrn Direktor im Reichsamt des Innern Müller.

Direktor im Reichsamt des Innern **Müller**-Berlin: Meine hochgeehrten Herren vom Centralverbande Deutscher Industrieller und vom Zentralverbande der Industriellen Oesterreichs! Ich habe die besondere Ehre und Freude, Ihnen den Dank des Herrn Reichskanzlers, den Dank des Herrn Staatssekretärs des Innern, Staatsminister Dr. Delbrück, meines Herrn Chefs, und den Dank des Herrn Staatssekretärs des Auswärtigen Amtes, Exz. v. Jagow, zum Ausdruck zu bringen dafür, daß Sie die Reichsregierung eingeladen haben, an der gemeinsamen Tagung der beiden hervorragenden Verbände teilzunehmen. Welches Interesse die Reichsregierung den gemeinsamen Verhandlungen entgegenbringt, meine Herren, wollen Sie daraus ersehen, daß aus den beiden in erster Linie beteiligten Reichsressorts Vertreter hierher entsandt worden sind.

Meine Herren! Gestatten Sie mir, daß ich auch in meinem Namen und in demjenigen meines Kollegen vom Auswärtigen Amte, des Herrn Geh. Legationsrates v. Stockhammern, den beiden Verbänden unseren persönlichen Dank an dieser Stelle zum Ausdruck bringe, daß es uns vergönnt ist, Ihren heutigen Verhandlungen anzuwohnen.

Man kann die Frage aufwerfen, ob es überhaupt Angelegenheiten gibt, welche geeignet sind, in einer gemeinsamen Tagung industrieller Interessenverbände zweier verschiedener Länder vorgebracht zu werden, ob dafür überhaupt ein Bedürfnis vorliegt und ob deren Erörterung einen praktischen Nutzen verspricht. Meine Herren! Die Frage aufwerfen heißt sie bejahen. Nicht bloß Ihre vorjährige Zusammenkunft, die Sie in München gehabt haben, sondern auch die heutige Tagesordnung beweist, daß in der Tat gemeinsame Fragen vorhanden sind, Fragen bedeutsamer Natur, welche so recht geeignet dazu sind, in einer Aussprache zwischen hervorragenden Vertretern der Industrie der beiden hier vertretenen Staaten zur Erörterung gebracht zu werden. Und wo sollte ein Bedürfnis zu einer solchen Aussprache näher liegen als zwischen Vertretern der Industrie des Deutschen Reiches und derjenigen Oesterreichs, wo nicht bloß die Sprache, wo auch die kulturellen Beziehungen dieselben sind, wo die wissenschaftlichen Erscheinungen, wo die Erfindungen auf technischem Gebiete gegenseitig ausgetauscht und nutzbar gemacht werden und gegenseitig anregen. Eine gemeinsame Erörterung wichtiger, die Industrien beider Länder in gleicher Weise berührender Fragen, wie sie heute von Ihnen veranstaltet ist, muß und wird dazu beitragen, das gegenseitige Verständnis für wirtschaftliche und andere Fragen, die die Industrie der beiden Staatsgebiete bewegen, immer inniger, das gegenseitige Verhältnis immer fester zu gestalten.

Lassen Sie mich, meine Herren, den Willkommengruß des Herrn Reichskanzlers und der Reichsressorts darin zusammenfassen: Wie die erhabenen Monarchen der beiden hier vertretenen großen mitteleuropäischen Staatsgebiete, wie die Regierungen der beiden Länder in engster Freundschaft zusammengewirkt haben in den letzten Jahrzehnten, wie dies ganz besonders in den letzten Monaten zum Ausdruck gekommen ist (Bravo!), so möge auch ein inniges Zusammengehen auf den Gebieten stattfinden, wo sonst im Alltagsleben ein Interessenkampf unvermeidlich ist, ein gegenseitiges Ringen, das nötig ist zum Gedeihen der beiden Industrien. Möge das freundschaftliche Band, das den Centralverband Deutscher Industrieller zur Förderung und Wahrung nationaler Arbeit und den Zentralverband der Industriellen Oesterreichs umschließt, heute fester gebunden werden, möge die gemeinsame Arbeit zum Segen der beiden großen und bedeutsamen Verbände ausschlagen, möge sie ausschlagen zum Segen unseres geliebten deutschen Vaterlandes, nicht minder aber auch zum Segen der österreichisch-ungarischen Monarchie! (Lebhaftes Bravo!)

Vorsitzender: Herr Geh. Regierungsrat **Morgenstern**!

Geh. Regierungsrat **Morgenstern**-Dresden: Meine sehr geehrten Herren! Im Namen der Königl. Sächs. Staatsregierung habe ich die Ehre, den Centralverband Deutscher Industrieller und den Zentralverband der Industriellen Oesterreichs im Königreich Sachsen von ganzem Herzen willkommen zu heißen. Welche Bedeutung die sächsische Regierung der Industrie, ihrer Tätigkeit und ihrer Stellung im Wirtschaftsleben des Volkes beilegt, das haben Sie gestern aus dem Munde Sr. Majestät des Königs selbst gehört. (Lebhaftes Bravo!) Ich betrachte es als eine besonders glückliche Fügung, daß in diesem Jahre der Erinnerung an die Leipziger Völkerschlacht die Industriellen der beiden Länder sich hier auf dem Boden zu gemeinsamer friedlicher Arbeit vereinigen, auf dem vor hundert Jahren ihre Vorväter in gemeinsamem Kampfe geblutet und gesiegt haben. Deutschland und Oesterreich haben ja, wie mein Herr Vorredner schon ausgeführt hat, eine gemeinschaftliche Entwickelung durch Jahrhunderte hindurch gehabt. Sie sind verbunden durch gemeinsame Sprache, durch ihre gemeinsame Kulturentwickelung und durch vielfache Blutsverwandtschaft. Ganz besonders gilt dies alles auch von unserem sächsischen Volke. Wir grenzen mit unserer Südgrenze an das mächtige, schöne Donaukaiserreich und wir haben von jeher in den freundnachbarlichsten Beziehungen zu ihm gestanden. Ein mächtiger Verkehr flutet herüber und hinüber, getragen von der starken Schiffahrtsstraße der Elbe, von zahlreichen Eisenbahnen und Landstraßen.

So sind, glaube ich, die Voraussetzungen dafür gegeben, daß die Annäherung zwischen den deutschen und österreichischen Industriellen, die in diesen Tagen sich vollzieht, auch gute, praktische Früchte zeitigen wird. Nicht als ob ich mich der Auffassung hingäbe, daß durch derartige Tagungen alle Interessengegensätze, die naturgemäß vorhanden sein müssen, beseitigt werden könnten; wenn man sich aber zunächst denjenigen Angelegenheiten zuwendet, bezüglich deren eine gemeinsame Auffassung der Sachlage hüben und drüben feststeht oder noch festgestellt wird, so wird, des bin ich gewiß, ersprießliche praktische Arbeit geleistet werden können. Möge dies der Fall sein, möge eine reiche Ernte ersprießen aus der Saat, die heute gesät wird. (Lebhaftes Bravo!)

Vorsitzender: Ich gebe nun das Wort Herrn Oberbürgermeister Dr. Dittrich.

Oberbürgermeister Dr. **Dittrich**-Leipzig: Meine sehr geehrten Herren! Es gereicht mir zur lebhaften Freude, im Namen des Rates Ihnen, den Herren Mitgliedern des Centralverbandes, einen herzlichen Willkommengruß zurufen zu dürfen, und ich möchte in Anknüpfung an die liebenswürdigen Worte Ihres geehrten Herrn Vorsitzenden noch besonders betonen, daß es uns eine große Freude war, Ihnen gestern abend diesen Willkommengruß durch die Tat zu beweisen in dem Empfang auf dem Rathause, und mit diesem Willkommengruß an Sie, meine verehrten Herren, freue ich mich auch einen Willkommengruß an die Herren aus Oesterreich noch besonders verbinden zu können. Unsere Bausachausstellung, von der wir hoffen, daß sie für das Bauwesen sowie auch für die damit zusammenhängenden Industrien von förderndem und anregendem Einfluß sein wird, ist in diesem Jahre Veranlassung gewesen, daß eine große Anzahl Vertreter des Handels, der Industrie, des Gewerbes und der Technik bei uns eingekehrt sind, und wir haben zu unserer Freude wahrnehmen dürfen, daß bei den Besuchen dieser Vereinigungen verschiedenfache Anregungen gegeben werden und Förderungen erfolgt sind, und darum dürfen wir uns auch der zuversichtlichen Hoffnung hingeben, daß auch Ihrer Tagung, meine verehrten Herren, der Erfolg nicht fehlen wird, wissen wir doch, von welcher Bedeutung die in dem Centralverband vertretene Industrie für unser gesamtes volkswirtschaftliches Leben ist.

Vor wenigen Tagen konnte ich an dieser Stelle darauf hinweisen, daß unsere alte Handelsstadt Leipzig im Laufe der letzten Jahrzehnte vorgerückt ist in die vorderste Reihe der Industriestädte. Aber sie hat doch die Bedeutung als Handelsplatz nicht verloren, und es genügt wohl, wenn ich darauf hinweise, daß heute unsere großen Mustermessen in ganz Europa nicht bloß, sondern in der ganzen Welt, darf ich wohl sagen, von anerkannter Bedeutung sind, daß wir uns rühmen dürfen, Zentrum des deutschen und österreichischen und schweizerischen Buchhandels zu sein und daß wir Weltplatz sind des Rauchwarenhandels. Aber wir haben auch den Vorzug, daß Leipzig noch Sitz einer beträchtlichen Garnison ist, daß wir eine blühende Universität und viele höhere Lehranstalten besitzen und nicht zum wenigsten, daß Leipzig Sitz des obersten deutschen Gerichtes ist. Diese Eigenschaften der Stadt Leipzig bringen es mit sich, daß die verschiedenen Gruppen unserer Bürgerschaft in gegenseitigem regen Verkehr stehen, und dieser Verkehr hat naturgemäß den Blick für das Allgemeine ganz wesentlich erweitert und zugleich vertieft und geschärft. Und weil dem so ist, so darf ich Ihnen versichern, meine verehrten Herren, daß in unserer Bürgerschaft ein lebhaftes Interesse für alle die Maßnahmen und alle die Erwägungen und all das herrscht, das darauf abzielt, unser wirtschaftliches Leben zu fördern, und deswegen darf ich weiter die Versicherung geben, daß wir Ihre Beratungen mit vollstem Interesse begleiten und daß unser lebhaftester Wunsch dahin geht, daß Ihre Beratungen für unsere gesamte deutsche Volkswirtschaft von Erfolg begleitet sein möchten, daß die Leipziger Tagung für diese Förderung von Bedeutung wird. (Bravo!)

Aber ich möchte auch noch ganz besonders unserer Freude Ausdruck geben, daß wir in diesem Jahre so oft den Vorzug genossen haben, Herren aus Oesterreich begrüßen zu können. Unsere Ausstellung ist ausgezeichnet durch ein österreichisches Haus, in dem der österreichische Staat in hervorragender Weise ausgestellt hat. Wir haben den Vorzug gehabt, die Herren Minister des Handels und der Eisenbahnen in unserer Stadt begrüßen zu dürfen, und ich erinnere mich mit aufrichtiger Freude des zahlreichen Besuches aus Oesterreich bei dem glänzend verlaufenen Deutschen Turnfest, und auch unser Deutscher Feuerwehrtag hat zu unserer großen Freude eine große Anzahl von Berufsgenossen aus Oesterreich zu uns gebracht. Und nun haben wir heute, wie auch schon in voriger Woche, die Freude, eine ganze Anzahl Vertreter der österreichischen Industrie in unserer Stadt zu sehen. Ich möchte Ihnen, meine sehr geehrten Herren, ganz besonders zum Ausdruck bringen, daß wir daraus die zuversichtliche Hoffnung schöpfen, daß die Verbindung zwischen Oesterreich und unserer Stadt eine immer engere und tiefere wird und daß, wie wir politisch — wir haben es ja heute schon wiederholt betonen gehört — Schulter an Schulter stehen, wir auch wirtschaftlich zusammenstehen und uns gegenseitig immer mehr verstehen lernen und gegenseitig immer mehr fördern.

Und endlich, meine verehrten Herren, lassen Sie mich dem Wunsche Ausdruck geben, daß Ihnen allen, den Herren aus Oesterreich wie den Herren des deutschen Centralverbandes, die hier verlebten Stunden eine angenehme Erinnerung sein möchten und daß die Beziehungen, die sich durch diese heutige Tagung zwischen Ihnen und unserer Stadt knüpfen, so fest werden möchten, daß wir hoffen dürfen, daß sie auch für die Zukunft gegenseitig recht rege und lebendige sind. Mit dieser zuversichtlichen Hoffnung nochmals herzlich willkommen! (Lebhaftes Bravo!)

Vorsitzender: Das Wort hat der Präsident der Leipziger Handelskammer, Herr Kommerzienrat Schmidt.

Kommerzienrat **Schmidt-Leipzig:** Daß Sie, meine verehrten Herren vom Centralverband Deutscher Industrieller und vom Zentralverband der Industriellen Oesterreichs, Ihre gemeinsame Tagung nach Leipzig gelegt und dadurch den wirtschaftlichen Kreisen unseres Bezirks Gelegenheit gegeben haben, sowohl mit den Herren Vertretern Ihrer großen Verbände als auch mit den Herren Delegierten der Ihnen angeschlossenen zahlreichen bedeutenden Körperschaften und Vereinigungen als auch mit den Abgesandten der, gerade unserem Bezirk besonders nahestehenden Industriellen Oesterreichs unmittelbaren und persönlichen Verkehr und Gedankenaustausch zu pflegen, gereicht der Handelskammer Leipzig, die ich die Ehre habe, hier zu vertreten, zu großer Freude. Ich möchte diesem Gefühl hierdurch Ausdruck geben, zugleich mit einem verbindlichen Danke für die freundliche Aufforderung zur Teilnahme an Ihrer großartigen Veranstaltung und Ihren interessanten Verhandlungen. Und diesem Danke füge ich gleich noch einige Worte persönlichen Dankes für die freundliche Begrüßung seitens Ihres Herrn Vorsitzenden hinzu.

Unsere Stadt hat in diesem Jahre eine außerordentlich große Anzahl von Kongressen wirtschaftlicher Vereinigungen in ihren Bannkreis zu locken verstanden. Es hat daher den Mitgliedern der Leipziger Handelskammer an wertvollen Anregungen der verschiedensten Art nicht gefehlt. Allein nur wenige Kongresse haben uns so nahe berührt wie die Zusammenkünfte der beiden größten Vertretungen der deutschen Industrie, die gerade jetzt uns die Ehre ihres Besuches geschenkt haben; in der vorigen Woche der Bund der Industriellen, in dieser Woche der Centralverband Deutscher Industrieller mit dem Zentralverbande der Industriellen Oesterreichs.

Man sagt ja gemeinhin: es führen verschiedene Wege nach Rom, d. h. im vorliegenden Falle nach der höchsten erreichbaren Stufe der Entwickelung unserer Volkswirtschaft. Allein von den verschiedenen Wegen, die nach dem gleichen Ziele führen, kann der eine wohl der kürzere und bessere sein; um diesen ausfindig zu machen, kann die Orientierung über die Gebiete, die wir bearbeiten und die noch vor uns liegen, gar nicht weit genug sein, können wir gar nicht tief genug in die Erfahrung und Ueberzeugung führender Persönlichkeiten eindringen. Daß Sie, meine verehrten Herren vom Centralverbande Deutscher Industrieller, neben den zahlreichen bedeutsamen Aufgaben, die Sie sich gestellt haben, vor allem nach einem Zusammenarbeiten der verschiedenen Erwerbskreise und der verschiedenen Nationalitäten, nach einem Ausgleich widerstrebender Interessen trachten, berührt uns von der Handelskammer, die wir von Gesetzes wegen zur Vertretung der gesamten Interessen von Handel und Industrie berufen sind und daher bei den naturgemäß vorhandenen Gegensätzen der Einzelnen vielfach eine mittlere Linie für unsere Handlungen ausfindig machen müssen, besonders sympathisch. Wir wünschen Ihrem Wirken zur Förderung und Wahrung nationaler Arbeit den reichsten Erfolg. Möge Ihre Leipziger Tagung in Gemeinschaft mit den Herren aus

Oesterreich eine glückverheißende Etappe auf Ihrem gemeinsamen Marsche sein! (Lebhaftes Bravo!)

Vorsitzender: Meine Herren! Ich bitte nun die Herren vom Zentralverband der Industriellen Oesterreichs um die Erlaubnis, hier noch einige dem Centralverbande Deutscher Industrieller nahestehende Verbände besonders begrüßen zu dürfen, die wir zu der heutigen Tagung eingeladen und die dieser Einladung Folge geleistet haben. Es sind das der Verein zur Wahrung der Interessen der chemischen Industrie Deutschlands, die Centralstelle für Vorbereitung von Handelsverträgen und die Ständige Ausstellungskommission für die deutsche Industrie. Namens des Centralverbandes Deutscher Industrieller heiße ich die Herren Vertreter dieser mit uns freundschaftlich verbundenen Verbände herzlich willkommen.

Herr Regierungsrat Schweighoffer, Geschäftsführer des Centralverbandes Deutscher Industrieller, ist von Herrn Geheimrat v. Böttinger als Vertreter der beiden zuerst von mir genannten Vereinigungen gebeten worden, in seinem Namen hier eine Erklärung zu verlesen. Herr Geheimrat v. Böttinger ist durch eine Sitzung der Handelskammer zu Elberfeld, der er nicht fernbleiben konnte, verhindert, hier zu erscheinen.

Regierungsrat a. D. Dr. **Schweighoffer** liest:

Hochgeehrte Herren!

Gestatten Sie mir, Sie namens der mit Ihnen in einer Interessengemeinschaft zusammenarbeitenden Vereine — des Vereins zur Wahrung der Interessen der chemischen Industrie Deutschlands und der Centralstelle für Vorbereitung von Handelsverträgen — zu begrüßen und damit deren Wünsche zu überbringen für ein ersprießliches Ergebnis Ihrer Beratungen.

Mögen dieselben zum Wohle unseres gesamten Wirtschaftslebens beitragen und damit auch zum Segen unseres ganzen Volkes und zum weiteren Blühen Deutschlands auf allen Gebieten der forschenden und der angewandten Arbeit.

Vorsitzender: Meine Herren! Die Huldigungen, welche wir im Anschlusse an unsere Tagung den Herrschern der Reiche und Staaten, aus denen wir hier zusammengeführt worden sind, darbringen wollen, diese Huldigungen werden wir nachher beim festlichen Mahle kundzutun Gelegenheit haben. Ich darf aber annehmen, daß die Herren alle einverstanden sind, daß wir den Huldigungsgruß, den wir heute nachmittag den erhabenen Herrschern, dem Kaiser von Oesterreich, dem

Deutschen Kaiser und dem König von Sachsen darbringen werden, schon jetzt in der Form von gleichlautenden Depeschen hinausgehen lassen. (Bravo!) (Der Wortlaut der Depeschen und der darauf eingegangenen Antworten findet sich auf Seite 103.)

Meine Herren! Wir kommen nun zur Erledigung unserer Tagesordnung. Ich bitte Herrn Regierungsrat Schweighoffer, das Wort zu seinem Vortrage zu nehmen.

Das Unternehmertum und seine volkswirtschaftliche Bedeutung in der Gegenwart.

Vortrag des Geschäftsführers des Centralverbandes Deutscher Industrieller, Regierungsrat a. D. Dr. Schweighoffer-Berlin.

Meine sehr geehrten Herren! Kein Abschnitt der Jahrtausende alten Weltgeschichte hat innerhalb einer solchen kurzen Spanne Zeit im Wirtschaftsleben der Völker einen so gewaltigen, alles umwälzenden Umschwung gesehen, wie die Zeitepoche seit dem Beginn des 19. Jahrhunderts.

Noch gegen Ende des 18. Jahrhunderts floß das ganze gewerbliche Leben, erstarrt in dem altüberkommenen Zunftzwange, gleichmäßig und ruhig dahin. Von einigen Hausindustrien abgesehen, sind die gewerblichen Unternehmungen jener Zeit fast ausschließlich Handwerksunternehmungen, und ein Gegensatz zwischen Kapital und Arbeit in sozialem Sinne ist nicht vorhanden. Wo man hinblickt, zeigt sich das geruhsame Bild wirtschaftlicher Selbstgenügsamkeit, der Stadtwirtschaft. Dieses, aus ältester Zeit organisch erwachsene Wirtschaftssystem erfuhr durch das fast gleichzeitige Zusammentreffen der verschiedensten Momente in den ersten Jahrzehnten des verflossenen Jahrhunderts eine von Grund aus sich vollziehende Umwandlung.

Eine neue Gesellschafts- und Wirtschaftsordnung erstand, in welcher der Großbetrieb, der Großverkehr die Herrschaft übernahmen und in welcher die Industrie zur Grundlage des gesamten Wirtschaftslebens sich entwickelte.

An dieser wirtschaftlichen Entwickelung hat unser deutsches Vaterland erst verhältnismäßig spät teilgenommen und es hat erst der durch Blut und Eisen gewonnenen nationalen Einheit bedurft, bis das Deutsche Reich den erfolgreichen Wettbewerb mit den älteren und mächtigeren Kulturvölkern hat aufnehmen und bis das deutsche Unternehmertum sich diejenige Stellung im Weltverkehre hat erringen können, die es gegenwärtig einnimmt. Dieser Prozeß hat sich nur vollziehen können unter schwerem Ringen und Kämpfen und auch heute noch bildet die Charakteristik des Unternehmertums im Kampfe der Meinungen eine ständig wiederkehrende Streitfrage. Es haben sich Theorie und Wissenschaft, Männer der Praxis und der Arbeit an der Lösung dieser Streitfrage beteiligt, und ich darf in dieser Hinsicht wohl auf die außerordentlich bemerkenswerten Untersuchungen hinweisen, die letzthin der Schweizer Nationalrat Dr. Eduard Sulzer-Ziegler, Professor Richard Ehrenberg-Rostock und vor allem Prof. Dr. Wiedenfeld-Cöln vorgenommen haben, und in denen das Unternehmertum als „die eigentliche Nährzelle“, als „die verkörperte Willenskraft der Volkswirtschaft“ dargestellt wird.

In schroffem Gegensatze zu dieser Charakteristik steht die Begriffsbestimmung, die dem Unternehmertum von den Sozialisten und den Vertretern sozialistischer Lehren gegeben wird. Nach ihnen wird das Denken und Trachten, das gesamte Handeln des Unternehmertums lediglich durch eine Eigenschaft diktiert: durch schnöde Profitwut und unersättliche Gewinnsucht, und als sein hervorstechendster Zug wird die Ausbeutung des Menschen durch den Menschen, der Raubbau in der Gütererzeugung bezeichnet. Diese kabbalistischen Redensarten sind bezeichnend für die sozialistische Denkart. (Sehr richtig!) Sie stehen zunächst in offensichtlichem Widerspruch mit der einfachen Logik, daß ebenso, wie der seine Arbeitskraft zur Verfügung stellende Lohnarbeiter eine Arbeitslohnrente verlangt, auch der Unternehmer den gleichen Anspruch auf eine Unternehmergewinnrente hat, und Dr. Sulzer-Ziegler weist ihnen gegenüber in einem seiner Werke treffend darauf hin, daß, wenn der Unternehmer, wie jeder andere arbeitende Mensch sich einen Verdienst verschaffen wolle, seine Arbeit doch stets eine „qualifizierte“, „höher zu bewertende“ sei, zu der bei weitem nicht ein jeder fähig und geeignet ist.

Diese Wahrheit scheint in der letzten Zeit auch bei sonst in sozialistischen Irrlehren stark befangenen Persönlichkeiten etwas mehr gewürdigt worden zu sein, denn ein höherer Staatsbeamter, der sich bei der Vertretung des Leuchtöl-Monopolgesetzes einen gewissen Namen gemacht hat, bequemte sich in seinem Buche „Ueber den Organisationszwang“ zu dem Anerkenntnis: „Geld zu verdienen und Gewinn zu machen ist nicht unerlaubt, ja gewissermaßen die Grundlage unserer Wirtschaftsordnung.“ (Heiterkeit.)

Für diese aus der Tiefe seiner volkswirtschaftlichen Kenntnisse gewonnene Weisheit (Heiterkeit) wird das Unternehmertum dem betreffenden Herrn sicher Dank wissen. Wenn derselbe aber diesen

Ausführungen die weitere Bemerkung anschließt: „Handlungen, die ausschließlich Rentabilitätserwägungen entspringen, sucht man mit sozialen, idealistischen, nationalen Empfindungen zu überziehen", so sind ihm anscheinend die Werke eines Großen im Reiche des Geistes, Heinrich von Treitschke, nicht bekannt geworden, der in seiner vor kurzem wieder herausgegebenen Schrift: „Der Sozialismus und seine Gönner" sich mit einer erfrischenden Offenheit und tiefen Entrüstung gegen eine solche Beurteilung unserer sozialen Ordnung durch „pessimistisch gesinnte Gelehrte" wendet und alle derartigen Anklagen „als bequeme Flankendeckung für die Bestrebungen der Sozialisten" bezeichnet.

Treitschke kommt in seinen Betrachtungen über den Wert der Arbeit und die Verteilung der Früchte der Arbeit zu dem Schlusse: „Die schwere Arbeitslast der Gegenwart entspringt nicht der Habgier der Unternehmer, sondern den gesteigerten Bedürfnissen der Gesellschaft. Nachhaltiger Ernst der Arbeit bleibt die erste wirtschaftliche Tugend der Völker; der gewöhnliche Mensch leistet aber nichts Rechtes, wenn er nicht seine beste Kraft an seinen Beruf setzt."

Von einer solchen Ueberzeugung haben sich alle diejenigen Führer des deutschen Unternehmertums leiten lassen, die unser Vaterland zu seiner jetzigen Größe und Machtstellung gebracht haben und auf die stolz zu sein die deutsche Industrie in der Tat ein Recht hat. Werner von Siemens, der Gründer der deutschen Elektrotechnik, gab dieser Empfindung mit den Worten Ausdruck: „Ich will schaffen und nützen, solange ich kann, ich sehne mich nicht nach den persönlichen Annehmlichkeiten, nach den Genüssen des Reichtums. Ich würde körperlich und geistig zugrunde gehen, wenn ich keine nützliche Tätigkeit, an der ich Anregung und dadurch Beruhigung finde, mehr entfalten könnte." (Hört!)

Ein solches Wort wird immer wieder klingen, wo deutsche Unternehmer am Werke sind, und vielleicht wird hiermit das tiefste Geheimnis ausgedrückt, das die rastlose Tätigkeit unseres Unternehmertums unserem Verständnis näher bringt. Gerade hierin liegt wohl auch eins der wesentlichsten Merkmale, welches das deutsche Unternehmertum von dem Unternehmertyp anderer Länder, wie z. B. der Vereinigten Staaten von Amerika unterscheidet, ein Moment, das Professor Wiedenfeld in seiner vortrefflichen Abhandlung „Das Persönliche im modernen Unternehmertum" mit dem Ausspruche kennzeichnet: „Selbstbeschränkung gegenüber allem einzelnen, richtige Auswahl der Mitarbeiter, straffe Zusammenfassung des Ganzen, ist heute die Aufgabe des großen Unternehmers, d. h. nicht Fertigkeiten, sondern Charaktereigenschaften werden verlangt, die Persönlichkeit ist das Entscheidende geworden." (Sehr richtig!)

Die Wahrheit dieses Satzes hat wohl selten eine so glänzende Bestätigung gefunden wie im letztverflossenen und laufenden Jahre, in welchem eine große Zahl von industriellen Unternehmungen auf ein 100-, 75- oder 50 jähriges Bestehen hat zurückblicken können. In nimmer müder Schaffenskraft, unter Entbehrungen und Enttäuschungen aller Art, aber mit großem Mute und genialem Weitblicke hat Alfred Krupp den glänzenden Bau seines Werkes aufgetürmt. In ähnlicher Weise hat der Begründer der A. Borsigschen Maschinenfabrik sein anfangs kleines Werk durch rastlose Arbeit zu immer größerer Blüte entwickelt, und für viele andere Betriebe, die, wie die Sächsische Maschinenfabrik in Chemnitz, die Schiffswerft F. Schichau in Elbing, die Maschinenfabrik Wolf in Magdeburg, die Firma Wilh. Vogel in Chemnitz usw. die Jubelfeier eines langjährigen Bestehens feiern konnten, ist in der gleichen Weise die ganze, unermüdliche Hingabe einer Persönlichkeit an die Sache die Grundbedingung des Erfolges gewesen. Es hat sich hier so recht gezeigt, daß, wenn auch in der kapitalistischen Produktionsform und der gesellschaftsmäßigen Organisation der Betriebe besondere Entwickelungsmöglichkeiten gegeben sind, der Boden, auf dem das einzelne Werk zu seiner überragenden Bedeutung sich entwickeln konnte, doch einzig und allein die persönliche Tatkraft, die wagende Intelligenz des einzelnen Unternehmers gewesen ist. (Bravo!)

Unter der Führung dieser Unternehmerpersönlichkeiten hat sich denn auch in immer intensiverem Maße der Uebergang Deutschlands von einem Agrar- zu einem Industriestaat vollzogen.

Gewaltig sind die Bevölkerungsverschiebungen, welche in dieser Hinsicht in den letzten Jahrzehnten in Deutschland stattgefunden haben und welche auch gegenwärtig noch andauern. Nach der Berufszählung für das Deutsche Reich waren im Jahre 1882 in der Land- und Forstwirtschaft 8 236 496 Menschen, im Bergbau, Hüttenwesen und der Industrie 6 396 465 erwerbstätig. Bereits im Jahre 1907 hatte sich dieses Verhältnis indessen schon so verschoben, daß in der Landwirtschaft nur noch 9 883 257, in der Industrie hingegen etwa $11^1/_4$ Millionen sich betätigten, so daß, während sich die Zahl der Erwerbstätigen in der Landwirtschaft innerhalb dieser Zeit um ein geringes, 1,65 Millionen, vermehrte, die in der Industrie, im Bergbau usw. tätige Bevölkerung um 4,86 Millionen angewachsen war. Der prozentuale Bevölkerungsanteil der landwirtschaftlich Tätigen betrug somit im Jahre 1907 nur noch 28,5 gegen 42,5 v. H. im Jahre 1882, der Anteil der gewerblich Tätigen dagegen im Jahre 1907 42,5 gegen 35,1 v. H. im Jahre 1882. Berücksichtigt man ferner, daß in dem seit dem Jahre 1907 verflossenen Zeitabschnitt der Abwanderungsprozeß der bisher der Landwirtschaft angehörigen Bevölkerung in die Großstädte und Industriezentren ununterbrochen fortgeschritten ist, so wird man annehmen können, daß zurzeit mindestens 3/4 der erwerbstätigen Gesamtbevölkerung des Deutschen Reiches im Gewerbe, Handel und Industrie beschäftigt sind und nur etwa 1/4 der Landwirtschaft noch angehört.

Diesen Millionen Menschen, deren Zahl bei einer durchschnittlichen jährlichen Bevölkerungszunahme des Deutschen Reiches von rund 800 000 Menschen in andauerndem Steigen begriffen ist, Arbeitsgelegenheit und Unterhalt zu schaffen, ist die Aufgabe des deutschen Unternehmertums, dessen Tatkraft und Initiative es allein zu danken ist, daß, während früher jährlich Hunderttausende auswandern mußten, um sich jenseits des Meeres ihr Brot zu suchen, für alle diese Hunderttausende nunmehr im deutschen Vaterlande Arbeit und Verdienst gegeben ist.

Welche gewaltige Entwickelung die deutsche Volkswirtschaft im Laufe weniger Jahrzehnte genommen hat, geht zur Genüge daraus hervor, daß, während im Jahre 1880 der Wert des gesamten deutschen Außenhandels nur 5,82 Milliarden Mark betrug, dieser Wert im Jahre 1912 auf rund 20 Milliarden Mark gestiegen ist, und daß sich hierbei der Wert der Ausfuhrerzeugnisse im Jahre 1912 allein auf 8,9 Milliarden Mark gegenüber 2,9 Milliarden Mark im Jahre 1880 stellte. (Hört!)

Solche Zahlen verdienen wohl Beachtung und zwar um so mehr, je größer sich im Laufe der Jahre die Schwierigkeiten gestaltet haben, die sich der fortschreitenden Ausdehnung der industriellen Produktion entgegenstellten, nicht nur durch den ausländischen Wettbewerb auf dem Weltmarkte, sondern vor allem auch durch das ständige Anwachsen der Selbstkosten der Unternehmer infolge der sozialen Abgaben und der andauernden Lohnerhöhungen. (Zustimmung.)

Aus den Nachweisen der gewerblichen Berufsgenossenschaften seit dem Jahre 1885 ergibt sich, daß die an die Arbeiter zur Auszahlung gebrachten Lohnsummen in fast gleichmäßiger Folge von Jahrzehnt zu Jahrzehnt sich durchweg verdoppelt haben, und daß, während sie im Jahre 1885 bei rund 3 Millionen versicherten Arbeitern 476 Millionen Mark betrugen, sie sich im Jahre 1911 bei rund 10 Millionen Versicherten auf fast 10 Milliarden Mark beliefen.

Der Tagesverdienst der Arbeiterschaft — um einige wenige Zahlen herauszugreifen — ist in der Großeisenindustrie vom Jahre 1876 bis zum Jahre 1906 um 47 v. H., derjenige der Schlosser in der Maschinenindustrie von 1883 bis 1903 um 50 v. H. gestiegen, und der durchschnittliche Lohn der oberschlesischen Bergarbeiter hat sich im Laufe der letzten 25 Jahre um nicht weniger als 110 v. H. gebessert.

Das allgemeine Lohnniveau der Arbeiterschaft hat sich nach den Berechnungen eines früheren Mitgliedes der sozialdemokratischen Partei, Calwer, in den Jahren 1895 bis 1906 um 37—38 v. H. gehoben, d. h. um 12—13 v. H. stärker als das Niveau der Warenpreise, so daß die Arbeiter imstande waren, den Konsum durchschnittlich um 1 v. H. im Jahre zu vermehren und zu verbessern.

Aus dieser steigenden Konsumkraft der arbeitenden Klassen erklärt es sich denn auch in der Hauptsache, daß der Konsum von Brotgetreide, Weizen und Roggen, sich vom Jahre 1878 bis zum Jahre 1910 von 199,4 kg auf 245,3 kg und der Fleischkonsum von 25 kg auf 53,7 kg auf den Kopf der Bevölkerung erhöht hat (hört, hört!), eine Steigerung, die sich in ähnlicher Weise auch hinsichtlich des Bierverbrauchs, des Verbrauchs von Zucker, Tabak usw. gezeigt hat.

Durch diese Tatsachen wird wohl die Lehre der Sozialisten und sozialistischen Agitatoren, daß sich durch die Tätigkeit des Unternehmertums das Kapital in immer wenigeren Händen anhäufe und gleichzeitig die Masse der Besitzlosen immer mehr vergrößere, auf das schlagendste widerlegt, und wenn eine solche Ansicht auch in der öffentlichen Meinung bisweilen noch vorherrschend ist, so ist das nur ein bedauerliches Zeichen dafür, daß sich diese öffentliche Meinung nicht immer in wirtschaftlichem Denken, sondern sehr oft nur in allgemeinen Schlagworten erschöpft (vielfache Zustimmung), die für das geistige Leben unserer Zeit vielfach so bezeichnend geworden sind. (Sehr richtig!) Wenn des öfteren die Behauptung aufgestellt wird, daß die besitzenden Klassen, zu denen man ja das Unternehmertum in erster Linie rechnet, in früheren Zeiten häufiger durch ihre Gleichgültigkeit gegen das Los der Arbeiter gefehlt haben, so stehen wir gegenwärtig ohne Zweifel im Begriff, uns durch die Angst vor den Massen noch weit schwerer zu versündigen. (Lebhafter Beifall.) Aus dieser Furchtsamkeit vor den Massen entspringt nicht zum mindesten die Hauptschuld an jener Verwirrung aller wissenschaftlichen und sittlichen Begriffe, die heutzutage auf dem Gebiete der Volkswirtschaft so befremdend wirkt und die für die Lehren des Sozialismus so weidlich ausgebeutet wird. (Sehr richtig!)

Zu solchen Lehren gehört z. B. auch der sozialistische Lehrsatz, daß nur die Arbeit allein Werte erzeuge. Dieser Lehrsatz ist schon vor vielen Jahren in den vortrefflichen Schriften von Heinrich von Sybel widerlegt worden, der in seinem Aufsatze: „Lehren des heutigen Sozialismus und Kommunismus" überzeugend nachweist, daß nicht die Arbeit schlechthin Werte schaffe, sondern allein die den Zwecken der Gesellschaft entsprechende Arbeit, und daß der Unternehmer es sei, der die Arbeitskräfte für die Zwecke der Gesellschaft wirken lasse; „er sei die bewegende Kraft, die Seele der Arbeitsgemeinschaft und die Sprache nenne ihn mit sicherem Instinkte den Arbeitgeber, obgleich er Arbeit zu nehmen scheine".

Es ist eine völlige Verkennung der volkswirtschaftlichen Zusammenhänge, wenn einst ein bekannter Berliner Nationalökonom den Ausspruch tat, die Intelligenz der Arbeiter sei schon soweit gediehen, daß ein großer Teil der Unternehmer durch sie überflüssig geworden sei. (Heiterkeit.) Es ist das dieselbe Irrlehre, die Karl Marx vertrat, wenn er behauptete, daß in der Großindustrie die Persönlichkeit des Unternehmers immer mehr verschwinde und das große Kapital durch seine eigene Wucht wirke.

Gerade in Zeiten wirtschaftlichen Niederganges hat es sich gezeigt, daß es nur der Tatkraft und dem ausharrenden Mut des Unternehmers zuzuschreiben gewesen ist, wenn so manches Werk die Not der Krisis glücklich überstanden hat, während andere Werke trotz der in ihnen investierten großen Kapitalien dem Untergange geweiht waren, weil ihnen die Persönlichkeit des Unternehmers, die monarchische Leitung fehlte. (Sehr richtig!)

Dieser Wert der monarchischen Leitung hat in der neuesten Zeit auch bei einzelnen derjenigen Nationalökonomen, die bisher dem kapitalistischen Unternehmertum nicht gerade sehr wohlwollend gegenüberstanden, eine etwas objektivere Beurteilung gefunden und es ist bemerkenswert, daß selbst Professor W. Sombart in seinem Werke „Der kapitalistische Unternehmer", wenn auch nicht ausdrücklich, so doch stillschweigend anerkennen muß, daß die demokratische Arbeitsverfassung, die jeden Arbeiter zum Mitsprechen in Betriebsangelegenheiten ermächtigt, für die ganze weitere Entwickelung unserer Volkswirtschaft ein Unsegen sein würde.

Diese Lehre von der „demokratischen Arbeitsverfassung", von dem „konstitutionellen Fabriksystem" usw., die letzten Endes doch unzweifelhaft zum reinen Kommunismus, zur endgültigen Aufteilung aller Güter führen würde, kann in der Tat nur vertreten werden von solchen Leuten, die noch niemals aus der Theorie den Weg zur Praxis haben finden können. (Sehr richtig!) Denn so lange der Arbeiter die Gefahr der Verwertung des Arbeitsproduktes allein dem Unternehmer überläßt, so lange der Unternehmer nicht die Möglichkeit hat, mit Sicherheit auf ein dauerndes Verbleiben der an die Freizügigkeit gewohnten

Arbeitermassen zu rechnen, so lange verbietet sich die praktische Durchführung jener Lehre eigentlich ganz von selbst. (Sehr richtig!)

Mit überaus treffenden Worten hat auch hier wieder Heinrich von Treitschke diese sozialistischen Irrlehren in dem Ausspruche gekennzeichnet: „Der feste Arbeitslohn ist als Regel unentbehrlich für eine Gesellschaft, welche nach dem Grundsatze der Arbeitsteilung schafft und eine Welt überlieferter Kulturgüter zu bewahren hat vor frechen Begierden. Bis zu welchem Wahnwitz die Begehrlichkeit sich versteigen kann, das zeigt die rohe Forderung, es solle jeder nicht nach seinen Leistungen, sondern nach seiner Anstrengung belohnt werden!"

Auf dieser Voraussetzung der Belohnung nicht nach der Leistung, sondern nach der „Anstrengung" beruhen im wesentlichen die Argumente derjenigen, deren programmatische Forderungen auf eine immer weitere Verkürzung der Arbeitszeit, auf die gesetzliche Einführung eines Mindestlohnsatzes sowie auf eine ständige Ausdehnung der Arbeiterschutzvorschriften hinausgehen. Ich hatte bereits gestern Gelegenheit, an einzelnen Beispielen nachzuweisen, zu welchen schwerwiegenden Folgen die Erfüllung der auf diesem Gebiete gerade in jüngster Zeit von neuem erhobenen Ansprüche für die gesamte deutsche Industrie führen müßte, möchte aber auch heute hier noch einmal auf das durchaus Unzutreffende und Irrige hinweisen, das in der Ansicht liegt, als ob von seiten des Staates durch Akte der positiven Gesetzgebung, die eine anderweitige Regelung der nationalen Gütererzeugung zum Gegenstande haben, wesentliches zur Verbesserung der Lage der arbeitenden Klassen geschehen könne.

Die materielle Lage unserer deutschen Arbeiterschaft ist in allererster Linie und unbedingt abhängig von unseren gesamten wirtschaftlichen Verhältnissen (sehr richtig!) und es ist durchaus fehlsam, anzunehmen, daß, falls auf der einen Seite die Arbeitsproduktion in ihrer Gesamtsumme durch gesetzgeberische Maßnahmen, insbesondere durch Beschränkung der Arbeitszeit über das zulässige Maß hinaus oder andere dementsprechende Vorschriften herabgedrückt wird, auf der anderen Seite durch gleiche Maßnahmen die Lebenshaltung des Arbeiters, unabhängig von der Entwickelung der Dinge, gebessert und geändert werden könnte. Nur mit der steigenden Kultur, mit der fortschreitenden Leistungsfähigkeit des Menschen ist dieses Ziel zu erreichen, und das deutsche Unternehmertum hat wohl im Laufe der letzten Jahrzehnte vollauf den Beweis dafür erbracht, daß es in dieser Hinsicht seiner volkswirtschaftlichen Aufgabe gerecht geworden ist und daß es für die materielle und kulturelle Hebung der Arbeiterschaft Sorge zu tragen verstanden hat, nicht nur innerhalb des Rahmens der gesetzlichen Leistungen, sondern vor allem auch durch freiwillige Leistungen, mit denen es weit über das gesetzliche Maß hinausgegangen ist und vielfach unserer Gesetzgebung überhaupt den Weg gewiesen hat. (Richtig!)

Ich darf in letzterer Beziehung wohl kurz daran erinnern, daß bereits anfangs der 70er Jahre es einer der größten deutschen Unternehmer, der Freiherr von Stumm-Halberg gewesen ist, der im Deutschen Reichstage den Erlaß von Arbeiterschutzvorschriften und besonders das Verbot der Feiertags- und Nachtarbeit von Frauen forderte, und daß schon viele Jahre vorher, bevor im Jahre 1901 in der Arbeiterschutzgesetzgebung der gesetzliche Zwang eingeführt wurde, zahlreiche Unternehmer, insbesondere in der chemischen, der Sprengstoff-, der Nadelindustrie, sowie im Bergbaubetriebe aus freien Stücken kostspielige Betriebsvorkehrungen zum Schutze der Gesundheit ihrer Arbeiter getroffen hatten.

In gleicher Weise haben die Unternehmer schon in den 70er Jahren auf die Einführung obligatorischer Altersversorgungs- und Invalidenkassen hingewirkt und der damals als die alleinige Zentralorganisation der deutschen Industrie bestehende Centralverband Deutscher Industrieller hat bereits auf seiner Delegiertenversammlung am 22. September 1879 energisch eine baldige Betätigung des Reiches auf diesem Gebiete verlangt, damit die „Kranken- und Unfallversicherung der Arbeiter als Maßregel zur Besserung ihrer Lage schleunigst in Wirksamkeit treten möchte".

So ist es also das Unternehmertum gewesen, das nicht aus Nützlichkeitsgründen, sondern aus ethischer und moralischer Ueberzeugung den Anstoß zu der staatlichen Arbeiterfürsorge- und Arbeiterversicherungsgesetzgebung gegeben hat, und es ist wohl bezeichnend, daß die Unternehmer bei der Durchführung dieser gesetzlichen Maßnahmen in den 80er Jahren in hartem Kampfe gestanden haben mit denjenigen politischen Parteien, die gegenwärtig nicht mehr Maß zu halten wissen in dem Bestreben, die Segnungen des Staatssozialismus immer weiteren Kreisen der Bevölkerung zwangsweise zuzuwenden. (Zustimmung.)

Welchen gewaltigen Umfang die Lasten erreicht haben, die dem deutschen Unternehmertum aus der Arbeiterversicherungsgesetzgebung bisher erwachsen sind und täglich noch erwachsen und die es, sei es als direkte Abgabe, sei es mittelbar in der Form von Lohnerhöhungen zu tragen hat, das geht zur Genüge daraus hervor, daß die gegenwärtigen Kosten dieses Zweiges der sozialen Versicherung auf täglich etwa 3 Millionen Mark sich belaufen und daß seit Bestehen der Arbeiterversicherungsgesetzgebung bis zum Jahre 1911 den Arbeitern über 9 Milliarden Mark, und zwar aus der Krankenversicherung rund 4749 Millionen, aus der Invalidenversicherung mehr als 2272½ Millionen und aus der Unfallversicherung über 2139½ Millionen ausgezahlt worden sind, Zuwendungen, die nahezu doppelt so hoch sind als die Beiträge, die die versicherten Arbeiter selbst aufzubringen hatten. (Hört!)

Diese Zahlen reden eine deutliche Sprache und legen Zeugnis davon ab, daß das Unternehmertum in dem volkswirtschaftlichen Organismus unserer Nation nicht nur einen wirtschaftlichen Faktor, sondern auch eine soziale Kraft darstellt, durch deren Schwächung die weitesten Volksschichten schwer in Mitleidenschaft gezogen werden würden. (Bravo!)

Es ist eine Binsenwahrheit, daß bei einer immer stärkeren und schwereren Belastung eines jedweden Dinges den Ausschlag nur der allerletzte Zuwachs zu geben pflegt, der gegen alles übrige als ein verschwindend kleiner angesehen werden mag und den vor vielen Jahren ein Berliner Volkswirtschaftler einmal mit treffender Bezeichnung „das unendliche Kleine im volkswirtschaftlichen Leben" genannt hat. Aber diese Wahrheit kann heutzutage nicht oft und nachdrücklich genug wiederholt werden, wenn man sieht, in welcher rücksichtslosen Art der Industrie und dem gewerblichen Unternehmertum immer wieder neue Steuerbürden auferlegt werden und wie ohne jede Prüfung der sich daraus ergebenden Konsequenzen die politischen Parteien des Reichstages sich in immer neuen Beschlüssen über kostspielige sozialpolitische Neuerungen ergehen.

Es ist in dieser Hinsicht charakteristisch, daß, als bei der Eröffnung des neuen Reichstages im vorigen Jahre nicht weniger als 175 sozialpolitische Initiativanträge eingebracht wurden, dieses von dem Vertreter einer bürgerlichen Partei mit der Gewohnheit einzelner Fraktionen, ihre sozialpolitischen Programme in Initiativanträgen „aufzulösen", begründet wurde. „Einem derartigen Vorgehen einzelner Parteien — so sagte jener Fraktionsredner wörtlich — müssen sich naturgemäß die übrigen Fraktionen anschließen (hört, hört!), sonst kommen sie bei der Wählerschaft ins Hintertreffen. (Lebhafte Heiterkeit.) Auf diese Weise kommen wir zu der großen Zahl sozialpolitischer Initiativanträge." Eine solche Aeußerung, in der mit erfrischender Deutlichkeit einmal ausgesprochen worden ist, daß für die Einbringung der meisten sozialpolitischen Anträge nicht sachliche Ueberzeugung und guter Glauben maßgebend sind, sondern lediglich die Sucht einzelner Parteien, auf die Masse der Wähler Eindruck zu machen oder, wie der Abgeordnete Graf Posadowsky sich einmal im Reichstage ausdrückte, „die Wähler sozusagen zu massieren“ (Heiterkeit), wirft in der Tat ein grelles Licht auf die Anschauungen, die in manchen bürgerlichen Kreisen in bezug auf unser ganzes heutiges Wirtschaftsleben und in bezug auf unser deutsches Unternehmertum bestehen. (Sehr richtig!)

Diese Anschauungen und die unternehmerfeindliche Haltung der Mehrzahl der politischen Parteien des Reichstages mögen allerdings zu einem wesentlichen Teile ihren Grund darin haben, daß das Unternehmertum über seiner wirtschaftlichen Betätigung es lange Zeit hindurch versäumt hat, selbst rechtzeitig auf die Wahrung seines politischen Einflusses bei den breiteren Volksschichten Bedacht zu nehmen (sehr richtig!), so daß diese Teilnahmslosigkeit industrieller Kreise an der Wahrnehmung ihrer Interessen nicht ohne Einfluß auf die parlamentarische Konstellation bleiben konnte. Sehr treffend hat dieses das frühere Mitglied des Centralverbandes Deutscher Industrieller, Dr. Alexander Tille, in seinem großen Werke: „Die Berufsstandspolitik des Gewerbe- und Handelsstandes“ in die mahnenden Worte gekleidet: „Es ist nicht genug, daß ein großer Berufsstand in der Wirklichkeit das Größte leistet, was für ein Volk getan werden kann, er muß es auch, wenn böser Wille und Unwissenheit in den „wissenschaftlichen“ Kreisen seiner Zeit sich dagegen stemmen, in der Theorie zur Anerkennung zu bringen wissen .... Die ganze Welt des Denkens und Fühlens, des Sorgens und Strebens, welche im deutschen Unternehmertum lebt, hat bis heute noch nicht ihren Wortausdruck gefunden .... Erst der wissenschaftliche Ausdruck seiner innersten Anschauung und Begriffswelt kann ihm selbst Befreiung und der Bedeutung seines Wirkens die wissenschaftliche und politische Anerkennung bringen.“

Daß diese Anerkennung, die dem deutschen Unternehmertum im gesamten Auslande rückhaltlos gezollt wird, sich im eigenen Vaterlande nicht durchzusetzen vermag, ist ein bedauernswertes Zeichen der Zeit. Ein jeder Vergleich der einzelnen Zeitepochen in der Werdezeit des Deutschen Reiches zeigt mit aller Deutlichkeit, wie die wirtschaftlichen Kräfte unserer Nation sich zu immer größerer Leistung entwickelt haben, wie dank der Schaffenskraft und den Fähigkeiten des Unternehmertums das gesamte Volkseinkommen und das Volksvermögen eine gewaltige Höhe erreicht haben und wie die Lebenshaltung aller Volksschichten eine von Jahr zu Jahr gesteigerte Besserung und Erhöhung erfahren hat: und dennoch werden mit der größten Voreingenommenheit, wie ich bereits eingangs ausführte, von manchen Lehrern der Volkswirtschaft und von den Vertretern sozialistischer Lehren Urteile über das industrielle Unternehmertum gefällt, die nur dazu beitragen können, die Gegensätze zwischen Unternehmerschaft und Arbeiterschaft immer mehr zu verschärfen und vor allem die Achtung zu zerstören, auf welche im Hinblick auf seine Bedeutung für das Nationalwohl das Unternehmertum einen berechtigten Anspruch hat. (Richtig!)

Es wurde einmal vom Altreichskanzler Fürsten Bismarck bei einer sozialpolitischen Debatte im Reichstage das Wort gebraucht: „Um geistreich zu erscheinen, braucht man nur vor nichts mehr Respekt zu haben, dann findet sich das andere sehr leicht." (Sehr richtig! Heiterkeit.) Diesen Respekt vor dem, was aus der deutschen Nation und ihren wirtschaftlichen Einrichtungen werden soll, wenn das Unternehmertum eines Tages den heftigen Angriffen seiner Gegner unterliegen würde, den vermißt man in der Tat gegenwärtig in vielen Kreisen und vor allem bei denjenigen, die es sich in sog. „wissenschaftlichen" Begründungen angelegen sein lassen, im deutschen Volke in jeder Weise das zu zerstören, was die Nation stark und groß gemacht hat: Das Ehrgefühl der Arbeit. (Lebh. Bravo!) In solchen Zeiten dürfte es Pflicht und Aufgabe aller sein, die als Vertreter des Unternehmertums gewillt sind, das Erbe ihrer arbeitsfrohen Väter treu zu bewahren, sich von neuem zu bekennen zu dem Wahlspruche eines der größten der deutschen Unternehmer und wohl des Unternehmertums überhaupt, zu dem Wahlspruche Alfred Krupps, der im Jahre 1873 nach schwerer Zeit der Not und harter Schule der Arbeit die denkwürdigen Worte sprach:

„Der Zweck der Arbeit soll das Gemeinwohl sein,
dann bringt Arbeit Segen, dann ist Arbeit Gebet!"

(Lang anhaltender, stürmischer Beifall.)

Vorsitzender Dr. Brosche: Meine Herren! Wir kommen zum nächsten Programmpunkte. Ich bitte Herrn Generalsekretär Dr. Hermann seinen Vortrag zu erstatten.

Die deutsche und österreichische Arbeiterschutzgesetzgebung.

Vortrag des Geschäftsführers des Zentralverbandes der Industriellen Oesterreichs, Generalsekretär Dr. Hermann-Wien.

Manche von Ihnen, meine sehr geehrten Herren, haben vielleicht den Titel des Berichtes, den ich zu erstatten die Ehre habe, mit etwas kritischem Erstaunen gelesen, mit Verwunderung darüber, daß er die deutsche und österreichische Arbeiterschutzgesetzgebung in einem Atem nennt, als handle es sich hier selbstverständlich um Gleichartiges und Gleichwertiges. Solche Gleichstellung muß auch wohl jeden überraschen, dem bei dem Worte „Arbeiterschutz" neben der schier unendlichen Fülle von Formen, in welche sich die öffentliche Fürsorge für Leben und Gesundheit der Arbeiter kleidet, die damit so eng verwandte Gruppe der Arbeiterversicherung vor Augen tritt, in der sich die sozialen Bestrebungen unserer Zeit am auffälligsten verkörpern. Auf diesem Gebiete ist das Deutsche Reich mit einem Opfermute vorausgegangen, dem in einem Vierteljahrhundert noch kein anderer Staat Gleichwertiges zur Seite gestellt hat. Am guten Willen fehlt es allerdings gerade in Oesterreich nicht. Schon seit vielen Jahren müht sich unsere Gesetzgebung an der Vorlage betreffend die Sozialversicherung ab, an einem Gesetzentwurfe, der mit einem Sprunge jenes hohe Ziel erreichen will, zu dem Deutschland in schrittweisem Vorgehen mit der Reichsversicherungsordnung gelangt ist, an einem Entwurfe, der sogar darüber hinausgreifend in Einem auch noch eine Zwangsversicherung selbständiger Erwerbstätiger schaffen möchte. Aber niemand wird besser verstehen als Sie, daß gerade diese Fülle der Wünsche bisher ihre Erfüllung erschwerte und verzögerte; und die wirtschaftliche und staatsfinanzielle Lage, in die recht unerfreuliche Wandlungen der inneren und äußeren Politik Oesterreich augenblicklich versetzt haben, wird die Verabschiedung dieses Gesetzes gewiß nicht beschleunigen. Selbst innerhalb des engeren Interessenkreises der Industrie zeigt daher die Arbeiterversicherung beider Staaten annähernde Uebereinstimmung nur bezüglich der Krankenversicherung und der Unfallversicherung; Zwangsfürsorge für Alter und Invalidität, für Witwen und Waisen kommt in Oesterreich dagegen nur den Bergarbeitern durch das Bruderladengesetz zugute und den Angestellten durch das Gesetz über die Pensionsversicherung der Privatbeamten. Diese Beschränkung in sachlichem Umfange der Versicherung industriell Tätiger, mehr aber noch die, angeblich verfassungsrechtlich gebotene Scheu der österreichischen Reichsgesetzgebung, die Verhältnisse landwirtschaftlicher Arbeiter zu regeln, vergrößert jenen Unterschied der gesamten Versicherungslast in Deutschland und Oesterreich, der schon durch die Volkszahl beider Staatsgebiete und ihre wirtschaftliche Entwickelung bedingt ist. Deshalb darf man aus der Höhe der Gesamtbeiträge oder irgendeiner beliebigen Durchschnittsrechnung durchaus nicht schließen, daß solche Versicherungslasten die österreichische Industrie etwa weniger drücken als die deutsche. Ein praktisch bedeutsames Maß dieses Druckes gibt nur die Belastung, welche auf die Einheitsmenge des Erzeugnisses entfällt. Für eine einwandfreie Rechnung solcher Art fehlen allerdings die erforderlichen allgemeinen

Grundlagen; soweit aber Schätzungen führen, wird man das Maß dieses Druckes in beiden Staaten ziemlich gleich annehmen dürfen. Denn allen Verschiedenheiten im Ausbau der Arbeiterversicherung stehen wohl ebenso bedeutsame Verschiedenheiten der auf den Arbeiter entfallenden Erzeugungsmengen gegenüber, da der durchschnittliche Umfang der Betriebe, der Grad der Spezialisierung, die Intensität der Arbeitsleistung u. dgl. in Oesterreich notorisch geringer sind als in Deutschland.

Weit unmittelbarer tritt die Gleichartigkeit der Zustände in Oesterreich und Deutschland hervor im Bereiche des Arbeiterschutzes im engeren Sinne.

Mit fast gleichem Eifer und fast gleichen Mitteln waren hier wie dort Gesetzgebung und Verwaltung beflissen, zunächst die aus der Natur der Betriebe sich ergebenden Gefahren für Gesundheit und Sicherheit des Arbeiters herabzudrücken. Die Gewerbeordnung beider Staaten macht grundsätzlich dem Unternehmer eine entsprechende Vorsorge bei Anlage und Führung seines Betriebes zur Pflicht. In beiden Staaten wird dieses allgemeine Gebot durch Sondervorschriften über Anlage, Einrichtung und Führung der Betriebe von ähnlichem Inhalt und Wirkungsbereich ergänzt, sowie durch ebenso ähnliche spezielle Beschränkungen der Verwendung von Kindern, jugendlichen und weiblichen Arbeitern zu gewerblicher Arbeit überhaupt und zu gewissen, mit größerer Gefährdung verbundenen Verrichtungen. Auch die Organisation, die zur Anwendung dieser Normen im Einzelfall und zur Kontrolle ihrer dauernden Beachtung besteht, zeigt außerordentliche Uebereinstimmung. Wenn in einem Staate dieses Eingreifen der Gesetzgebung und Verwaltung in das Wirtschaftsleben fühlbar wird, so ist das im ganzen und großen in Oesterreich. Die Forderung nach vorausgehender Genehmigung der Betriebsanlagen ist hier weit über jene Grenzen ausgedehnt, in denen Nachbarinteressen mitspielen, sie erfaßt alle Betriebe mit Feuerungsstätten und Motoren u. dgl., also alle industriellen Etablissements; neben den Organen der staatlichen Gewerbepolizei greifen hierbei gleichzeitig mindestens die Gemeinden als Bau- und Sanitätsbehörden, vielfach aber auch noch andere Instanzen ein; vor allem aber können die einschlägigen Vorschriften in Oesterreich ihre durchaus bureaukratische Abstammung nirgends verleugnen, trotz aller Helfersdienste, welche die Unternehmerschaft bei ihrem Indieweltttreten leistet, ebensowenig wie zum Vorteil Deutschlands die nachträgliche Pflegeelternschaft seiner Bureaukratie zu bemänteln vermag, daß seine Vorschriften aus dem Schoße glücklich gestalteter Selbstverwaltungskörper, der Berufsgenossenschaften für Unfallversicherung, hervorgegangen sind.

Kaum anders liegen die Verhältnisse in jener Gruppe von Schutzbestimmungen, die den Arbeiter vor einem vorzeitigen Verbrauch seiner Kräfte behüten sollen, den Vorschriften über die zulässige Arbeitsdauer, die Pausen, die Ueberstunden, die Sonntagsruhe, die Nachtarbeit u. dgl. Hier war bis vor kurzem Oesterreich gegenüber seiner Industrie in jeder Richtung strenger als Deutschland; es hat schon 1885 eine maximale Arbeitszeit von 11 Stunden, bzw. eine maximale Schichtdauer von 12 Stunden auch für erwachsene männliche Arbeiter vorgeschrieben und auch durchgeführt. Mit der Festsetzung des 10-Stunden-Tages für jugendliche und weibliche Arbeiter und mit dem früheren Sonnabendschluß für weibliche Arbeiter ist Deutschland im Jahre 1910 für diese Arbeitergruppen weitergegangen und natürlich auch für die männlichen Arbeiter zahlreicher Betriebe mit gemischter Arbeiterschaft. Doch genießt trotzdem eine große Zahl von Betriebszweigen, vor allem die so hoch entwickelte Schwerindustrie Deutschlands eine Bewegungsfreiheit, welche die gleichartigen Betriebe Oesterreichs schmerzlich vermissen. Wird doch für diese z. B. in den nächsten Wochen sogar eine Anordnung in Kraft treten, welche die einzige Ausnahme von dem regelmäßigen Maximalarbeitstag erwachsener Männer, die wöchentliche 18stündige Wechselschicht in kontinuierlichen Betrieben, fast unanwendbar macht; denn sie läßt die korrespondierende 18stündige Ruhezeit nicht mehr als Ersatz für die Sonntagsruhe gelten, sondern schreibt die Gewährung einer 24stündigen Ersatzruhe vor.

Trotz mancher Verschiedenheit im einzelnen sind, wie aus diesem allgemeinen Ueberblick hervorleuchtet, die Verhältnisse in Oesterreich und Deutschland außerordentlich ähnliche und das ist ja auch innerlich durch die uralte Kulturgemeinschaft der Bevölkerung beider Staatsgebiete begründet. Es wäre eine dankbare Aufgabe, diese Uebereinstimmung in den wesentlichen Zielen und wichtigsten Wegen durch einen Vergleich der Maßnahmen beider Gesetzgebungen im einzelnen darzulegen. Doch ist eine solche Aufgabe im Rahmen eines Berichtes nicht zu lösen, und Sie, meine Herren, die aus eigener Erfahrung die Vielfältigkeit dieser Materie am besten kennen, haben derartiges auch gewiß nicht von mir erwartet.

Dagegen kann man einer allgemeinen kritischen Würdigung dieser ganzen Gesetzeskomplexe nicht wohl aus dem Wege gehen. Ich hoffe auf Ihre Zustimmung, wenn ich hierbei eines nicht tue, was manchem angesichts der Zusammensetzung dieser Versammlung vielleicht als das Nächstliegendste erscheinen könnte, wenn ich es nicht versuche, ja sorgfältig vermeide, die Frage der Arbeiterschutzgesetzgebung als Gegenstand eines Klassenkampfes zwischen Arbeiterschaft und Unternehmertum hinzustellen. Mir scheint eine derartige Betrachtung der Dinge vollkommen falsch. Gewiß ist der Arbeiterschutz ein Klasseninteresse der Arbeiter, ebenso sicher ist es aber kein Klasseninteresse des Unternehmertums, den Arbeiterschutz zu bekämpfen. Waren es doch in hervorragendem Maße gerade industrielle Unternehmer, die noch vor Beginn aller staatlichen Eingriffe, vor dem Auftreten politischer Klassenorganisationen der Arbeiter, vor Aufnahme der wissenschaftlichen Behandlung dieser Frage aus eigenster Initiative für Sicherheit und Wohlfahrt der Arbeiterschaft in Wort und Tat gewirkt haben. Sehen wir doch, daß das Unternehmertum in der freien Betätigung seiner Fürsorge für die Arbeiter und seines Entgegenkommens gegen ihre Wünsche auch heute noch weit über das hinausgeht, was behördlicher Zwang oder sozialer Druck ihm aufnötigen. Und was noch vielsagender ist: derartiges Vorgehen stößt nur in ganz extremen Fällen auf eine mißbilligende Kritik der Berufsgenossen; es erfreut sich im Gegenteil meist ihrer vollen Anerkennung und ihrer Nacheiferung, gilt also sicherlich nicht als Verletzung eines Klasseninteresses. Das ist auch vollkommen erklärlich. Auch der Unternehmer ist ja ein Kind seiner Zeit mit ebenso vollem Anteil an deren wirtschaftlichen, ethischen und sozialen Idealen als die Bürger anderer Berufe, ja er bringt vielleicht mehr als irgend andere an Anlage und gutem Willen zur vollen Würdigung und Beachtung der Arbeiterinteressen mit. Denn seine geschäftliche Erfahrung lehrt ihn Tag für Tag, daß ersprießliche Beziehungen und ein gedeihliches Zusammenwirken nur dann dauernd möglich sind, wenn beide Teile hierbei ihren wohlerwogenen und bleibenden Vorteil finden, und es müßte mit sonderbaren Dingen zugehen, wenn diese Erfahrung, die er stündlich im Verkehr mit seinen Lieferanten und seinen Kunden betätigt, im Verkehr mit seinen Arbeitern versagen sollte.

Wenn trotzdem die Unternehmerschaft regelmäßig ziemlich allein steht mit ihrer Kritik der bestehenden Arbeiterschutzgesetze, mit ihren Bedenken und Einwendungen gegen manche geplante Erweiterungen derselben, so ist das durchaus kein Beweis für die Richtigkeit des Einwandes, daß eben nur das Unternehmertum die Nötigung oder doch besonderen Anlaß hätte, seine sozialen Ideale um persönlicher Interessen willen zu verleugnen. Im wirtschaftlichen Leben steht kein Berufsstand und keine Erwerbsform für sich allein, jedes Einzelschicksal ist mit allen übrigen untrennbar verflochten und verknüpft. Sozialpolitische Vorschriften können das Unternehmertum nie treffen, wie etwa der Hammer den Steinblock, den man formen oder zertrümmern will. Mag ein Gesetz noch so sorgfältig darauf berechnet sein, daß die ganze Macht seines Druckes auf das Unternehmertum allein falle, so wird es doch nur im ersten Anprall mehr oder minder empfindliche Veränderungen des inneren Gefüges dieser Klasse herbeiführen, dann aber wird sich seine Wirkung elastisch und unaufhaltsam fortschreitend auf alle Berufsschichten und Klassen übertragen, die überhaupt im Bereiche der nationalen Wirtschaft liegen, auch auf jene, denen der erste Druck freieren Raum geschaffen. Nicht ein ausschließliches oder dauernd vorwiegendes Interesse, sondern das schärfere und weitreichendere Verständnis für wirtschaftliche Zusammenhänge ist es, das die besondere Haltung des Unternehmertums gegenüber der Schutzgesetzgebung bestimmt. Jeder Industrielle muß gleichen Ueberblick haben über jene Faktoren, welche die Gestaltung der Produktion bestimmen, wie über jene, welche auf die Entwickelung der Konsumkraft wirken. Und das gibt seiner, wenn auch vielleicht nur instinktiven Schätzung des Einflusses neuer gesetzgeberischer Maßregeln eine viel zuverlässigere Grundlage als alle Vorbilder, Statistiken und Berechnungen, auf die andere, dem großen Strome des Wirtschaftslebens ferner Stehende, ihre Urteile stützen müssen. Das Leben in seiner natürlichen Fülle ist eben mit Typen, Summen und Durchschnitten nicht restlos zu erfassen.

Deshalb ist es unerläßlich, nicht so sehr im Interesse des Unternehmertums, als in jenem der Gesamtheit, immer wieder darauf hinzuweisen, daß jene Gesichtspunkte und jene Methoden, nach welchen bisher Maßregeln zum Schutze der Arbeiterschaft von der Oeffentlichkeit meist geprüft wurden, einseitig und unzulänglich sind, und daß sie in keiner Weise Gewähr für die Entwickelung jenes Gesellschaftszustandes bieten, dessen Erreichung das einzige Ziel einer wirklich gesunden Sozialpolitik sein kann. Denn eine Sozialpolitik, die ihren Namen in Ehren führen soll, kann doch nie und nimmer sich damit begnügen, den aufscheinenden Notstand einer Klasse durch einen blinden Griff in den bequem gelegenen Besitzstand irgendeiner anderen zu beseitigen, sie kann nur ein Ziel haben: die dauernde Sicherung einer möglichst vollständigen und harmonischen Entfaltung und Betätigung aller Kräfte im Staate. Dann genügt es aber zur Rechtfertigung staatlichen Zwanges noch lange nicht, wenn nur die Zweckmäßigkeit des Eingriffes für eine Bevölkerungsklasse klarliegt und vielleicht noch weiter sichersteht, daß der geplante Aufwand technisch geboten sei. Denn an Nutzen und Last der zunächst Betroffenen und an gar mancher Nebenwirkung, die aus ihrer Reaktion entspringt, werden auch alle übrigen Schichten der Bevölkerung teilnehmen; entscheidend ist also nur, wie sich die endliche Bilanz *aller Folgen* einer bestimmten Maßnahme *für die Gesamtheit* stellen wird.

Einer ernsten Prüfung dieser entscheidenden Frage ist sowohl in Deutschland wie in Oesterreich die Vorbereitung der verschiedenen Versicherungsgesetze noch am nächsten gekommen. Hier war es notwendig, das mathematische Gleichgewicht zwischen Verpflichtungen und Eingängen der Versicherungsstellen nachzuweisen, und mit Hilfe dieses Ziffernmateriales war auch ein halbwegs begründetes Urteil darüber möglich, ob Richtung und Maß der Verschiebung des Besitzstandes dem Interesse der Allgemeinheit entspreche oder nicht.

Freilich mag auch hierbei gar manche irrige Buchung unterlaufen sein; man hielt sich gewiß nicht überall vor Augen, daß die gesetzliche Verteilung der Beiträge gar nichts mit der wirklichen Verteilung der Lasten zu tun habe, daß diese vielmehr sich ausschließlich kraft gegebener wirtschaftlicher Verhältnisse vollziehen und durchaus nicht auf die Kreise der Unternehmer und Arbeiter allein beschränken werde.

Noch viel weniger hat man nachweisbar sich mit den unvermeidlichen Nebenwirkungen solch allgemeiner Zwangsversicherungen befaßt. Kümmert sich doch selbst jetzt, wo eine reiche wissenschaftliche, besonders medizinische Literatur die Rentenhysterie in all ihren Erscheinungen, Wirkungen und Ursachen schildert, weder die neue Reichsversicherungsordnung Deutschlands, noch der Entwurf der österreichischen Sozialversicherung auch nur im geringsten darum, wie der schweren Schädigung vorgebeugt werden könnte, die aus einer solchen im Wege einer Art Infektion durch das Gesetz erzeugten Lahmlegung der Arbeitskraft den unmittelbaren Opfern und wohl noch mehr der Gesamtheit erwachsen muß.

Und noch viel weniger hat man mit seltenen Ausnahmen ernstlich beachtet, wie arg jede Versicherung der Arbeiter — und je wirksamer sie ist, desto ärger — die Spartätigkeit und den Sparsinn dieser Schichten untergraben muß. Nicht so sehr, weil ein Teil des kargen Einkommens durch Pflichtbeiträge gebunden ist, weit mehr deshalb, weil der Anreiz, für künftige Notfälle in der Gegenwart ein Opfer zu bringen, im gleichen Maße sinken muß, in dem eben die Versicherung die Wahrscheinlichkeit des Eintrittes unvorhergesehener Notfälle vermindert. Diese Verringerung des Besitzes an freiem Kapital erschwert das Aufsteigen des Arbeiters in höhere soziale Schichten, sie scheidet also die Arbeiterklasse schärfer von der sogenannten besitzenden Klasse und verbreitert den nun leider einmal bestehenden Riß durch die Gesamtheit der Staatsbürger ins Unüberbrückbare. Das sind Erscheinungen, welche die Rechnung des Klassenpolitikers vielleicht nicht sonderlich stören; aber darf auch der Sozialpolitiker achtlos daran vorübergehen?

Daß auf dem Gebiete der eigentlichen Arbeiterschutzgesetzgebung die wünschenswerte Vorprüfung über den Einfluß jeder Maßregel auf die Gesamtheit noch viel weniger stattfand, liegt in der Natur der Sache.

Soweit es sich hier um den Schutz der Arbeiter gegen die speziellen Gefahren des Betriebes handelt, bieten allerdings Statistik, Medizin, Hygiene und Technik alle erforderlichen Unterlagen, um sich über die relative Bedeutung auftretender Schädigungen, über ihre Ursachen und über die wirksamen Abhilfemaßnahmen klar zu werden.

Dagegen fehlt wohl heute noch jeder Maßstab dafür, wie weit das Interesse der Gesamtheit an jeder einzelnen solchen Schutzmaßregel eigentlich gehe, die Kosten solcher Maßnahmen sind bezüglich ihrer rein technischen Berechtigung nicht geprüft, ja man hat nicht einmal versucht, den Aufwand, den sie verursachen mußten, überhaupt abzuschätzen. Wie dringend solche Untersuchungen geboten wären, zeigen Ausführungen, die anläßlich der Verhandlungen über die Novelle zur deutschen Gewerbeordnung von 1908 der Abgeordnete Schmitt im Deutschen Reichstag machte. Er verwies auf eine Verfügung des Bundesrates, welche den vorgeschriebenen Luftraum in Zigarrenfabriken von 7 m^3 auf 10 m^3 für den Arbeiter erhöhte und berechnete, daß eine solche Vorschrift, für die Gesamtindustrie erlassen, an Zins und Amortisation für Neubauten und an Auslagen für Unterhaltung, Beleuchtung und Beheizung einen Mehraufwand von jährlich 520 Millionen Mark bedingen würde. Auch in industriellen Kreisen ist dies als eine Uebertreibung bezeichnet worden, doch beweist die Rechnung bei noch so großen Abschlägen das eine, daß derartige Vorschriften zu einer Steigerung der Produktionskosten führen können, die dem Verfügenden selbst vielleicht am überraschendsten wäre. Wenn man die Vielfältigkeit der allgemeinen und besonderen Vorkehrungen zur Verbesserung der hygienischen und Sicherheitsverhältnisse gewerblicher Betriebe überblickt, wird es höchst wahrscheinlich, daß die finanzielle Bedeutung dieser Anordnungen noch weit über jene der Arbeiterversicherung hinausgeht.

Aber mehr noch als in der Höhe der Beträge liegt im Charakter dieser Aufwendungen eine alle Versicherungssorgen überragende Gefahr für das Gesamtinteresse. Dort stiftet jedes, wenn auch noch so hohe Opfer wenigstens für irgendein anderes Glied des Staates entsprechenden Nutzen. Hier aber führt jede übertriebene Anforderung zu vollkommen unproduktiven Investitionen, zu unbedingten Kapitalsverlusten der Gesamtwirtschaft. Und daß solch überflüssige Investitionen keine Seltenheit sind, ist leicht und einwandfrei nachzuweisen. Ich denke dabei nicht einmal in erster Linie an den raschen Wechsel der Anschauungen an verfügenden und kontrollierenden Stellen mit seinen genugsam bekannten Folgen u. dgl. mehr, sondern vor allem an die Tatsache, daß die Arbeiterschaft die geschaffenen Einrichtungen nicht benützt oder mißbraucht, daß sie die Vorschriften über Betriebsführung nicht beachtet und sich ihnen widersetzt. Diese von den Versicherungsträgern, den Inspektionsorganen usw. seit jeher beklagten Zustände sind ja bis zu einem Maße gediehen, das die Gesetzgebung in Deutschland — und noch mehr in Oesterreich — veranlaßte, den Arbeitern für solches Verhalten Straffolgen anzudrohen. Hätte man nicht besser getan, schon von Beginn an auch hier den pädagogischen Grundsatz zu betätigen, daß man nicht durch sorgfältiges Fernhalten jeder Gefahr jemanden am sichersten vor Schaden bewahrt, sondern nur durch zweckmäßige Schulung, sie selbst zu erkennen und ihr, soweit die eigene Kraft reicht, auch selbständig zu begegnen? Hätte man damit nicht der Gesamtheit schwere Opfer an Nationalvermögen erspart und zahlreichen Arbeitern den Verlust ihrer geraden Glieder? Denn Arbeiter von normaler Achtsamkeit und Gewandtheit fühlen sich durch ängstliche Bevormundung, durch arbeithemmende Fürsorge zur Widersetzlichkeit geradezu aufgereizt, und die vertrauensselige oder prahlerische Nachahmung solcher Beispiele bringt die Unerfahrenen und Ungeübten erst recht zu Schaden.

Derart reist aus jeder unnötigen Ueberspannung der Vorschriften wieder neuer Anlaß und Anreiz zu noch schärferem Vorgehen, zu noch vielfältigeren Anordnungen, zu noch größeren Uebertreibungen. Und niemand fragt, welche Unsumme an Verdienstmöglichkeiten der Arbeiterschaft und mit ihr der ganzen Nation dadurch entgehen, daß die notwendige Abwehr unerträglicher Bedingungen die Genehmigung neuer Anlagen endlos verschleppt, daß unerwartete Neuauflagen für bleibende Betriebsteile zeitgemäße Reorganisationen unterbinden, daß die stets wachsenden Forderungen nach Anzeigen, Verzeichnissen, Bewilligungen usw. das gesamte Tempo der Produktion auf das empfindlichste hemmen.

Am allerschlimmsten freilich ist es um die objektive Begründung jener Anordnungen bestellt, welche die Arbeitsdauer, die Pausen, die Nachtarbeit, die Sonntagsruhe usw. regeln. Hier setzt sich die Gesetzgebung in der Hauptsache das vollauf zu billigende Ziel, einem Raubbau an den Kräften der Nation vorzubeugen. Doch läßt sich schon die Frage, ob tatsächlich bei irgendeiner Gruppe von Arbeitern der regelmäßige Kräfteverbrauch den regelmäßigen Kraftersatz übersteige, schwer entscheiden. Die subjektiven Angaben der Arbeiter können sie nicht klarstellen, die meisten objektiven Quellen, wie Altersaufbau der Arbeiterbevölkerung, Morbiditätsstatistik, Unfallstatistik, Assentierungsergebnisse u. dgl. sind von einer Menge von Momenten beeinflußt, die mit der beruflichen Arbeitsleistung gar nichts zu tun haben.

Und noch unsicherer wird die Grundlage für die Entscheidung der Frage, ob die irgendwie eruierte Differenz zwischen Kraftverbrauch und Kraftersatz einer übernormalen Ausgabe oder einer unternormalen Regenerierung der Kräfte entspringt. Gerade darüber müßte aber Klarheit haben, wer Abhilfe bringen will; denn es gibt kein Mittel, das beiden Fällen gerecht werden könnte, solange man auf dem Boden der geltenden Gesellschaftsordnung verbleiben will, solange der Bedarf die wesentlichste Triebfeder der Arbeit und die Leistung der Maßstab des Lohnes ist. Nur Erwägungen politischer Art vermögen zu erklären, weshalb die Gesetzgebung trotzdem alles Heil in der Beschränkung der regelmäßigen Lohnarbeit sucht, in einem Mittel, das in einem Falle nicht sicher und in dem anderen geradezu verderblich wirkt. Die Beschränkung gewerblicher Lohnarbeit beseitigt ja keineswegs alle Gelegenheiten zu übermäßiger Kraftanspannung, und scharfe Kürzungen der Arbeitszeit schaffen geradezu neue Anreize und eröffnen neue Mögichkeiten, an die sorgfältig kontrollierte Tätigkeit in der Fabrik ganze unkontrollierte, nicht minder erschöpfende Nebenarbeit anzuschließen. Gerade weiblichen und jugendlichen Arbeitern schlägt deshalb die besondere Fürsorge der Gesetzgebung nicht selten erst recht zum Unsegen aus.

Andererseits können Not und Elend doch durch Unterbindung des Verdienstes nicht behoben werden, und die Hoffnung, daß jede Arbeitsbeschränkung mindestens indirekt zum materiellen Vorteil der Arbeiterschaft ausschlagen müsse, ist trügerisch. Dauernd läßt sich der Arbeitsmarkt auf diese Weise nicht zu ihren Gunsten beeinflussen, denn der bleibende Umfang der Nachfrage wird durch das Verhältnis zwischen den Produktionskosten und dem von außen her unverrückbaren Maß der Konsumkraft der Bevölkerung bestimmt und jede unorganische Steigerung der Lohnquote muß die Nachfrage nach Arbeitskräften drücken. Ueberdies verschlechtert jede Beschränkung des Spielraums für die Disposition über die Arbeiterschaft die Ausnützbarkeit aller Betriebsanlagen, das Maß solcher Betriebsbehinderungen übersteigt gar häufig jenes der wirklichen Einbuße an Arbeitskräften und derartige Mißverhältnisse erwecken das intensivste Bedürfnis, die unfreie Handkraft durch unreglementierte mechanische Vorrichtungen zu ersetzen. Solch künstlich erzwungene Aenderungen der Betriebsmethoden machen nicht nur Menschen entbehrlich und die den restlichen Hilfskräften obliegende Arbeit immer eintöniger und unbefriedigender, sie erschweren auch dem zu einseitig ausgebildeten Arbeiter, durch einen Wechsel der Stellung seine Lage zu verbessern und den Rückwirkungen von Krisen auszuweichen.

Freilich glauben Optimisten die Möglichkeit gar nicht hoch genug anschlagen zu können, daß durch eine Steigerung der Arbeitsintensität während kürzerer Arbeitsperioden mit geringerem Kräfteverbrauch gleiche Leistungen erzielt werden können. Mit der Entwickelung der Technik wird jedoch das Feld zusehends kleiner, auf dem das Produktionstempo noch vom Arbeiter bestimmt wird und nicht von der Geschwindigkeit chemischer oder biologischer Reaktionen, von der Festigkeit des Materiales u. dgl. mehr. Im selben Maße verringern sich aber auch die Aussichten, die Kraftausgabe des Einzelnen vermindern zu können, ohne zugleich auch seine Lebenshaltung herabzudrücken, im gleichen Maße vergrößert sich die Gefahr, daß die Gesetzgebung, selbst vom Klassenstandpunkt der Arbeiter aus gesehen, ein Loch nur stopft, um ein noch größeres aufzureißen.

Jene Grenze, die aus höheren Rücksichten dem Parteiwillen auch in bitterster Not heilig bleiben muß, hat die Gesetzgebung wohl längst gezogen, das ängstliche Bemühen, sie immer und immer wieder nachzurücken, das Bestreben deshalb, weil günstige Verhältnisse hier und dort noch größere Beschränkungen ermöglicht haben, sie auch jenen aufzuzwingen, denen sie bisher untunlich schienen, stiftet sicherlich auch für die Arbeiterschaft mehr Schaden als Nutzen. Auch für sie kann es unmöglich von Vorteil sein, wenn grundsätzlich die Leistungsfähigkeit des Schwächsten und die Arbeitslust des Sattesten zur Kynosur für die Betätigung aller gemacht wird.

Härter noch freilich trifft solches Vorgehen die Gesamtheit. Offenbar verkürzt doch jeder Ausfall an zulässiger Produktion unmittelbar und mittelbar alle in der Deckung ihres Bedarfes, und jede Nötigung, entbehrliche Produktionskosten aufzuwenden, um das gleiche zu bieten wie bisher, kann nur in einer Einschränkung des Konsums enden. Es ist deshalb geradezu unverständlich, wie trotz des stetig wachsenden Druckes auf die Lebenshaltung aller jede Nachricht über die Beschränkung der Arbeitsmöglichkeit, jeder Nachweis der Gewerkschaften über die Erfolge ihrer Tarifverträge und Streiks u. dgl. auch in anderen Lagern fast unbesehen als ein Zeichen des Fortschrittes der Nation gebucht und als Anlaß zu noch weitergehendem Eingreifen der Gesetzgebung betrachtet wird.

Vielleicht gerade die breiten Schichten des Bürgertums fühlen die Wirkung am deutlichsten, wenn das Gesetz immer schärfer auf die

Ausschaltung menschlicher Arbeitskraft hinwirkt und die Mechanisierung der Produktion beschleunigt. Die Auflösung der so mannigfach gestalteten Hilfsfunktionen des Arbeiters in automatisch ablaufende mechanische oder chemische Vorgänge wird ja um so rationeller, je spezieller die Richtung, je größer der Umfang des Unternehmens ist. So stärkt die gesetzliche Bindung der Menschenkraft künstlich die ohnedies bestehende Tendenz zur Konzentration der Betriebe, so lichtet sie die Reihen jener, deren Kapital noch genügt, um ihre Tatkraft und ihre Kenntnisse nach eigenem Ermessen zu betätigen, so mehrt sie das Heer jener, die in persönlicher Abhängigkeit streng umschriebene Arbeit zu leisten haben, und trägt dazu bei, daß die verbitternde, klassenmäßige Zersetzung der Gesellschaft in immer höhere Schichten hinauf fortschreitet, daß immer größere und wesentlichere Teile der Kräfte der Nation vollkommen brachgelegt werden. Die deutsche Berufszählung von 1907 verzeichnet einen Rückgang der selbständig Erwerbstätigen in Industrie und Gewerbe um 4 v. H., eine Vermehrung der Angestellten um 160 v. H. und der Arbeiter um 44 v. H. Oekonomisch ist das ein ungeheurer Fortschritt, sozial aber ein ungeheures Opfer, an dem die wachsende Energie der Arbeiterschutzgesetzgebung keineswegs schuldlos ist.

Wie antisozial die Rückwirkungen vorwiegend gefühlsmäßiger Sozialpolitik werden können, tritt noch schärfer in manchen Ergebnissen der besonderen Fürsorge zutage, deren sich die jugendlichen und weiblichen Arbeiter erfreuen. Die Sonderbestimmungen für diese Arbeiterkategorie machen ihre Verwendung in manchen Unternehmungen, z. B. in kontinuierlichen Betrieben überhaupt unmöglich oder mindestens unrationell. Dort, wo solche Industrien die ausschließliche oder ausschlaggebende Verdienstmöglichkeit bieten, kürzen sie deshalb das Gesamteinkommen des Haushaltes um den Verdienst der Frau und der Kinder, sie berauben den Nachwuchs zu seinem dauernden Schaden der Möglichkeit rechtzeitiger und gründlicher Ausbildung, sie machen dem Arbeiter seine bisherige Stütze zur Last, sie erschweren die Gründung von Familien und fördern ihren Zerfall, sie drücken die Zahl der Geburten und vermehren die Abwanderung, kurz sie verhindern die Entwickelung einer bodenständigen, durch Verwandtschaft und Freundschaft dem seßhaften Bürgertum verbundenen Arbeiterschaft.

Die bedauerliche Unterschätzung derartiger Nebenwirkungen der Arbeiterschutzgesetze zeigt vielleicht am klarsten der Glaube, daß man den Folgen des zunehmenden staatlichen Reglementierens der Produktion durch den Uebergang zu internationalem Vorgehen begegnen könne. Es liegt doch auf der Hand, daß die Internationalität des

Vorgehens an dem Einflusse einer Maßnahme auf die Lebenshaltung und Kapitalsbildung der Bevölkerung, an den Verschiebungen der sozialen Gliederung und der Entwickelung der Klassengegensätze, an der Ausbreitung und den Formen der Rentenhysterie u. dgl. gar nichts ändern kann.

Nur in nationalwirtschaftlicher Richtung bietet eine internationale Vereinbarung gegenüber dem selbständigen Vorgehen eines Staates einen Vorteil; sie zieht den unvermeidlichen Störungen des Kräfteverhältnisses auf dem Weltmarkte einige Schranken. Doch wäre es schon ein Irrtum, anzunehmen, daß eine internationale Regelung imstande wäre, die wirkliche Aufrechthaltung des bisherigen Konkurrenzzustandes zu sichern. Sie kann das um so weniger, als sie immer nur einen Teil der Arbeitsverhältnisse, einen kleinen Ausschnitt der gesamten Produktionsbedingungen betrifft. Derartige Teilmaßregeln werden aber auch bei vollkommener Gleichheit in Anordnung und Durchführung solange ganz verschiedene Wirkungen auslösen, solange die übrigen Produktionsbedingungen der Industrie in den Vertragsstaaten nicht auch vollkommen gleichartige sind. Das ist nun, soweit die natürlichen Verhältnisse in Frage kommen, überhaupt nicht zu erreichen und wurde bisher nicht einmal auf dem Gebiete der gesetzlichen Produktionsregelung ehrlich versucht. Deshalb kann ein Staat ohne ausgebildete Schwerindustrie, wie etwa die Schweiz, ohne weiteres einer Arbeitszeit zustimmen, die für die wichtigen kontinuierlichen Betriebe eines anderen den Ruin bedeutet, deshalb kann ein Staat mit ausgebreitetem Export Ueberstundenbeschränkungen annehmen, die auf den schwankenden Bedarf des heimischen Marktes angewiesene Saisonindustrien eines anderen ganz lahmlegen würden usw. Selbst von dem weitaus zu engen Standpunkte der Schonung der nationalen Produktion ist also der Abschluß internationaler Vereinbarungen nur ein Mittel zur Milderung, aber nicht zur Verhinderung schädlicher Folgen.

Und diesem, wenn auch wesentlichen, so doch enge begrenzten Erfolge steht überdies die erhöhte Gefahr sozialer Mißgriffe gegenüber. Denn das Bewußtsein, Genossen zu haben, verringert das Gefühl der Verantwortlichkeit bei der Entscheidung und die Form diplomatischer Verhandlungen schließt die prüfende und beratende Mitwirkung weiterer Kreise, die nachträgliche Korrektur nur für einen Teil bedenklicher Bestimmungen aus. Dabei fällt die Führung in solchen Beratungen unweigerlich jenem Staate zu, in dem der politische Einfluß der Arbeiterklasse und ihrer Freunde am stärksten ist; denn dieser Staat ist es, der sich in seinem nationalen Interesse vor allem bemühen muß, daß auch andere jene Schritte tun, die er bereits getan hat oder die er demnächst wird tun müssen; und wäre der Angreifer nicht ohnedies schon überall dem Verteidiger überlegen, so wäre er es hier, wo er in dessen eigenem Lager auf mächtige Bundesgenossen zählen kann.

Mit größter Sorge sieht deshalb die Industrie Oesterreichs wieder jenen Verhandlungen entgegen, die in Bern über die neuesten Vorschläge der internationalen Vereinigung für gesetzlichen Arbeiterschutz stattfinden werden, über die Erhöhung des Schutzalters der Jugendlichen, über die allgemeine Festsetzung der zehnstündigen Maximalarbeit für jugendliche und weibliche Arbeiter und über die Begrenzung der Ueberstunden für diese Arbeitergruppen. Noch hat unsere Industrie sich mit den Wirkungen des internationalen Uebereinkommens, betreffend das Verbot der Nachtarbeit für Frauen, nicht ganz abfinden können; denn ging unser altes autonomes Verbot auch vielfach weiter, so wurde es doch in anderen Belangen empfindlich verschärft, in denen die besonderen Verhältnisse unseres Staatsgebietes auch weiterhin gleiche Berücksichtigung verlangt hätten, wie bisher. Noch sind unsere kontinuierlichen Betriebe in vollster Unklarheit darüber, wie sie die neueste Sonntagsruheverordnung durchführen sollen, die ihnen fast ausnahmslos eine 24stündige Ersatzruhe vorschreibt, trotzdem das Gesetz auch bei Wechselschichten keine 24stündige Arbeitszeit für erwachsene männliche Arbeiter duldet. Bei diesem unaufhörlichen gegenseitigen Ueberbieten in nationalen und internationalen Eingriffen ist der Ruf der österreichischen Industrie nach einer Atempause wohl begreiflich. Und auch die deutsche Industrie wird dieses Bedürfnis fühlen, trotzdem ein Teil der in Bern zu verhandelnden Forderungen in Deutschland bereits Gesetzeskraft besitzt. Denn sie hat keinerlei Gewähr dafür, daß nicht gar manche Freiheit, die ihr die Novelle von 1910 noch gelassen, auch bei bloßer internationaler Neuredaktion dieser Bestimmungen geopfert oder beschnitten werde.

Es müßte doch wahrlich nicht gerade die Regelung der Arbeitsbeschränkung, das Gebiet, auf dem die soziale Notwendigkeit eines weiteren Eingreifens am schwersten einwandfrei nachzuweisen ist, auf dem die sozialen Rückwirkungen einer Anordnung am schwersten voll zu übersehen sind, das erste sein, auf dem internationale Gleichheit hergestellt oder der Kampf um die internationale Weltmeisterschaft ausgetragen wird. Empfinden Sie hier, meine Herren, es wirklich als so besonders dringlich, daß etwa die Frage der Arbeitszeit für weibliche und jugendliche Arbeiter, in der unsere Gesetzgebungen seit kurzem sich nicht mehr decken, von Oesterreich nach deutschem Muster geregelt werde, oder umgekehrt jene des gesetzlichen Maximalarbeitstages für Männer, in der sie ja auch nicht übereinstimmen, von Deutschland nach dem Muster Oesterreichs? Geben die anderen Zweige der Arbeiterfürsorge vor allem die weitaus durchsichtigere, gleichmäßiger und wechselseitiger Regelung bedürftigere Arbeiterversicherung den Industrieländern nicht noch reichlich Raum zu internationaler Verständigung? Läge es nicht im staatlichen Interesse gerade unserer beiden Reiche, an Stelle des systemlosen Wettbauens, das hier die luftigsten Türme zimmert und daneben die gefährlichsten Gruben offenläßt, eine wirkliche Nivellierung anzubahnen und jedes neue Uebereinkommen abzulehnen, bis nicht in allen entscheidenden Staaten mindestens jenes Maß von Arbeiterfürsorge gesetzlich festliegt, das wir schon gleichmäßig besitzen?

Ich glaube, das wäre eine Parole, auf die wir uns einigen könnten, ein Verlangen, das auch dort Gehör verdiente, wo die Entscheidung liegt, denn es fordert eigentlich nur Selbstverständliches.

Die Schwierigkeit, die auch dem weitsichtigsten und einsichtsvollsten Staatsmann aus der Not erwächst, mit den vorhandenen politischen Kräftegruppen operieren und rechnen zu müssen, ist freilich groß. Nicht nur die Macht einer Arbeiterpartei, die ihr politisches Interesse selbst über die Wohlfahrt der eigenen Klasse stellt, ist zu bedenken; immer wieder aufgetischte Schilderungen des Arbeiterelendes einer längst überwundenen Zeit, Schlagworte, die, damals geprägt, ihren Einfluß auf das Gefühl bewahren, wenn ihre tatsächliche Grundlage auch längst entschwunden ist, alle die Appelle an die besten und schlechtesten Instinkte, die hier in den kreischenden Stimmen des Hasses, dort in der zuckersüßen der Philantropie jedem Tag für Tag an die Ohren klingen, haben ja auch jene Berufsstände und sozialen Schichten arg beeinflußt, die nach Stand, Interessen und Gesinnung eigentlich an der Seite des Unternehmertums stehen sollten. Freilich ist die Industrie, die ja nichts anderes darstellt als die erschöpfende wirtschaftliche Ausdrucksform für unseren gegenwärtigen Bestand an technischem Wissen, eben gerade so jung wie dieses Wissen und ihr kommt leider jene mildernde und heiligende Patina jahrhundertelanger Gewöhnung nicht zugute, die bei den althergebrachten Berufsständen die Frage nach der Notwendigkeit ihres Seins und nach der Berechtigung ihres Strebens erst gar nicht auf die Zunge treten läßt. Freilich hat die volkstümliche Neigung, alles Geschehen auf das Wollen und Wirken einzelner zurückzuführen, personifiziert alle treibenden wirtschaftlichen Kräfte, die das Fortschreiten unserer Erkenntnis weckte, in dem Eigeninteresse des Unternehmers und ihm schiebt die Menge die Verantwortung zu für die Verkümmerung gewohnter Verhältnisse, für die Enttäuschung überspannter Hoffnungen und für all die anderen schmerzlichen Begleiterscheinungen der Umwälzung, zu der die Ausbildung neuer zweckmäßiger Formen, der Naturtrieb, unser Wissen auch zu gebrauchen, notwendig führen muß. Deshalb wiederholt man trotz aller Warnungen immer wieder den Versuch, das ganze Weh und Ach wirtschaftlicher und sozialer Zustände aus einem Punkte zu kurieren, aus dem des industriellen Unternehmertums. Allerdings hat dank der Zähigkeit, mit der jeder seine wirtschaftliche Position verteidigt, bisher noch kein staatlicher Eingriff zu einer plötzlichen Katastrophe geführt, und die schleichenden Krankheiten, die er im wirtschaftlichen Organismus erregte, beurteilt man gar zu gerne nur nach den scheinbaren Ursachen ihrer Einzelsymptome.

Man übersieht, daß die Industrie in jeder Beziehung Verkehrsproduktion ist, daß sie nur dort gedeiht, wo die gemeinsame Resultierende aus allen Produktionsfaktoren sich günstig gestaltet, und daß für sie kein einzelner dieser Faktoren so zur absoluten Grundlage werden kann, wie etwa Grund und Boden für die Landwirtschaft oder die Kundschaft für das Lokalgewerbe. Jeder Druck auf die Produktionsverhältnisse wirkt auf die Industrie nicht bloß mit dem Maß der aufgewendeten Kraft, sondern bei der Elastizität all ihrer Beziehungen als Auslösung latenter Spannungen, deren Richtung und deren Wirkung von außen her im voraus gar nicht abzuschätzen ist. Gewiß bilden die unübertragbaren und unrealisierbaren Investitionen ein Gegengewicht gegen das Abziehen bestehender Unternehmungen; aber dieses Gegengewicht ist eben nur bei bestehenden Unternehmungen vorhanden und auch da kann es ohne äußere Vorzeichen bereits bis zur äußersten Grenze seiner Wirksamkeit beansprucht sein. Jeder Fehlgriff des Staates kann deshalb zu den empfindlichsten Erschütterungen führen, Erschütterungen auch seiner eigenen Macht, die ja mehr als je von der wirtschaftlichen Kraft der Bevölkerung abhängt. Deshalb darf der Staat sich trotz aller Einflüsse politischer Parteitaktik und wirklichkeitsfremder Philantropie nicht die Sonderwünsche einer Klasse als Forderungen des Gemeinwohles unterschieben lassen und muß durch sorgfältigste Prüfung verhindern, daß man durch solchen Mißbrauch sozialen Strebens unhaltbare Augenblicksvorteile für einzelne mit dem bleibenden Schaden der Gesamtheit erkauft. Er darf nicht in unseliger Verblendung den Kampf für die Arbeiter als einen Kampf gegen die Produktion führen, oder die Träger freien Unternehmungsgeistes zu Beamten öffentlichen Wohlfahrtsdienstes pressen. Gerade der Staat, dessen ganzes Gefüge doch auf der geltenden Gesellschaftsordnung basiert, muß sich klar darüber sein, daß im Rahmen dieser Ordnung die Wohlfahrt der Besitzlosen nur auf den Ertrag des Besitzes gegründet werden kann. Möge man danach handeln! Besonders dann, wenn die Lorbeeren politischer Eintagserfolge auf andere Wege locken! (Lebhafter, lang anhaltender Beifall.)

Vorsitzender Dr. **Brosche:** Ich darf konstatieren, daß die Erwartung, die ich zu Beginn der heutigen Versammlung ausgesprochen habe, sich voll und ganz erfüllt hat, daß uns bei unserer Tagung tatsächlich außerordentlich wichtige und wertvolle Anregungen geboten worden sind. Meine Herren! Ich habe der gespannten Aufmerksamkeit, mit der Sie den beiden Vorträgen gelauscht haben, entnommen, daß Sie denselben ein außerordentlich lebhaftes Interesse entgegengebracht haben. Ich darf daher wohl nicht nur im eigenen, sondern auch im Namen meines hochgeehrten Amtskollegen vom deutschen Centralverbande und gewiß in Ihrer aller Namen den beiden Herren Referenten für ihre überaus interessanten und geistvollen Vorträge den wärmsten Dank der ganzen Versammlung zum Ausdruck zu bringen. (Lebhaftes Bravo!)

Ich möchte nur noch einen Wunsch aussprechen. Die Vorträge haben bei Ihnen, obzwar wir keine Debatte geführt, obzwar wir keine Abstimmung eingeleitet haben — aber ich konnte aus den Mienen lesen — vollste Zustimmung gefunden. (Lebhaftes sehr richtig!) Allerdings, Sie gehören zu den Ueberzeugten, und der Wunsch, den ich aussprechen möchte, ist der, daß die Anschauungen, welche in diesen Vorträgen enthalten sind, auch hinausgetragen werden in die weiten Kreise der Bevölkerung, welche hüben wie drüben in demagogischer Weise gegen Industrie und Kapital verhetzt wird. (Bravo!)

Meine Herren! Indem ich noch dessen gedenke, daß die Stadtgemeinde so liebenswürdig war, dem Kongreß als Ehrengabe ein Buch zu widmen, welches draußen den Herren Kongreßteilnehmern zur Verfügung steht, nachdem ich also auch darüber mit Dank quittiert habe, darf ich die heutige Tagung mit den Worten schließen: Auf baldiges Wiedersehen in Oesterreich! (Lebhaftes Bravo!)

Vorsitzender Landrat a. D. **Rötger:** Meine Herren! Den Wunsch, den der Herr Vorsitzende des Zentralverbandes der Industriellen Oesterreichs zum Ausdruck gebracht hat, möchte ich auch von seiten des deutschen Centralverbandes lebhaft und stark unterstreichen. Ich will hoffen, daß, wenn wir uns in der schönen Donaukaiserstadt wiedersehen, daß wir dann einen ebenso guten Verlauf unserer Verhandlungen haben werden, wie das heute der Fall gewesen ist. (Bravo!)

Meine Herren! Nun möchte ich noch eine Mitteilung für die Herren des Centralverbandes Deutscher Industrieller machen. Im Anschluß an unsere gestrigen Verhandlungen und an die Festsitzung ist die Anregung gegeben worden, der Centralverband möge vor seinem Auseinandergehen den Manen unseres großen Reichskanzlers auch ein äußeres Zeichen der Huldigung darbringen. Es ist deswegen an dem Bismarckdenkmal der Stadt Leipzig ein Kranz niedergelegt worden mit der Aufschrift: „Dem Schöpfer unserer nationalen Wirtschaftspolitik." (Lebhaftes Bravo!)

Die Sitzung ist geschlossen.

Schluß der Sitzung 12¾ Uhr.

Telegramme.

An

Seine Majestät den Deutschen Kaiser,
Seine apostolische Majestät den Kaiser von Oesterreich und
Seine Majestät den König von Sachsen

wurden gleichlautende Telegramme folgenden Wortlautes gesandt:

„Eurer Majestät bringen die zu gemeinsamer Tagung in Leipzig versammelten Mitglieder des Centralverbandes Deutscher Industrieller und des Zentralverbandes der Industriellen Oesterreichs begeisterte, ehrfurchtsvolle Huldigung dar.

Centralverband Deutscher Industrieller.
Zentralverband der Industriellen Oesterreichs."

Hierauf sind folgende Antworten eingegangen:

„Seine Majestät der Kaiser und König haben den Huldigungsgruß der Mitglieder des Centralverbandes Deutscher Industrieller und des Zentralverbandes der Industriellen Oesterreichs gern entgegengenommen und lassen bestens danken.

Auf Allerhöchsten Befehl:
Der Geheime Kabinettsrat von Valentini."

„Seine K. und K. apostolische Majestät haben die Huldigung der zu gemeinsamer Tagung in Leipzig versammelten Mitglieder des Zentralverbandes der Industriellen Oesterreichs und des Centralverbandes Deutscher Industrieller mit herzlichstem Dank Allergnädigst zur Kenntnis zu nehmen geruht.

Im Allerhöchsten Auftrage:
Freiherr von Schiessel."

„Ich bitte Sie, den Teilnehmern der Versammlung deutscher und österreichischer Industrieller meinen herzlichsten Dank für den freundlichen Gruß zu übermitteln.

Friedrich August."

Verzeichnisse.

Liste der Anwesenden

bei der

Delegiertenversammlung des Centralverbandes Deutscher Industrieller

am 15. September 1913 im kleinen Kongreßsaale der Internationalen Baufach-Ausstellung zu Leipzig.

Vertreter von Reichs- und anderen Behörden, von Parlamenten usw.:

Herr Böttger, Hugo, Dr., M. d. R., Berlin.
„ Mehnert, Dr., Wirkl. Geh. Rat, Exzellenz, Dresden.
„ Morgenstern, H., Dr., Geh. Regierungsrat und vortragender Rat im Kgl. Sächs. Ministerium des Innern, Dresden-Blasewitz.
„ von Seydewitz, Staats- und Finanzminister, Exzellenz, Dresden.

Ferner nahmen als **Vertreter von befreundeten industriellen Organisationen** teil:

Herr von Böttinger, Dr., Geh. Regierungsrat, M. d. H., Berlin, als Vertreter des Vereins zur Wahrung der Interessen der chemischen Industrie Deutschlands und der Zentralstelle für Vorbereitung von Handelsverträgen.
„ Helft, Dr., Berlin, als Vertreter der Ständigen Ausstellungskommission für die deutsche Industrie.

Mitglieder des Direktoriums:

Herr Rötger, Landrat a. D., Vorsitzender, Berlin.
„ Abt, Kommerzienrat, Saarbrücken.
„ Ehrhardt, Max, Baurat, Weimar.
„ Hilger, Geh. Bergrat, Generaldirektor der Vereinigten Königs- und Laurahütte, Schloß Siemianowitz.
„ Hugenberg, Geh. Finanzrat, Vorsitzender im Direktorium der Fried. Krupp A.-G., Essen (Ruhr).
„ Schrey, Regierungs- und Geh. Baurat, Berlin.

Herr Semlinger, H., Geh. Kommerzienrat, Vorsitzender des Vereins Süddeutscher Baumwollindustrieller, Bamberg.

„ von Siemens, Wilhelm, Dr.-Ing., Geh. Regierungsrat, Vorsitzender des Aufsichtsrats der Siemens-Schuckertwerke, Berlin.

„ Vogel, Geh. Kommerzienrat, Vorsitzender des Verbandes der Textilindustriellen Chemnitz, Chemnitz.

Mitglieder der Geschäftsführung:

Herr Schweighoffer, Dr., Regierungsrat a.D., Geschäftsführer, Berlin.

„ von Stojentin, Dr., stellvertretender Geschäftsführer, Berlin.

„ Ebner, Dr., Berlin.

„ Hoff, Dr., Berlin.

„ Lohan, Dr., Berlin.

Mitglieder des Centralverbandes Deutscher Industrieller:

Herr Arends, Robert, Direktor, Geschäftsführer des Niederschlesischen Kohlensyndikats, G. m. b. H., Waldenburg (Schles.).

„ Ashoff, Wilhelm, Generaldirektor, Vorsitzender der Handelskammer Altena und des Wirtschaftlichen Verbandes Deutscher Messingwerke, Generaldirektor der Firma Basse & Selve.

„ von Böttinger, Geh. Regierungsrat Dr., M. d. H., Elberfeld.

„ Beisert, Geschäftsführer des Deutschen Braunkohlen-Industrie-Vereins, Halle a. S.

„ Beumer, W., Dr., Mitglied des Hauses der Abgeordneten, Generalsekretär des Vereins zur Wahrung der gemeinsamen wirtschaftlichen Interessen in Rheinland und Westfalen und der Nordwestlichen Gruppe des Vereins Deutscher Eisen- und Stahl-Industrieller, Düsseldorf.

„ Bleichert, Max, Kommerzienrat, i. Fa. Bleichert & Co., Leipzig-Gohlis.

„ Bleichert, Paul, Kommerzienrat, i. Fa. Bleichert & Co., Leipzig-Gohlis.

„ Blick, Dr., Vertreter der Firma Th. Goldschmidt, A.-G., Essen (Ruhr).

„ Boelcke, Dr., Vertreter des Gesamtverbandes Deutscher Metallindustrieller, Berlin.

„ von Borsig, E., Geh. Kommerzienrat, Berlin-Tegel.

Herr von Brockdorff, Dr. Graf, Generalbevollmächtigter, Sr. Durchlaucht des Fürsten von Donnersmarck, Berlin.

„ Burgers, F., Vertreter der Gelsenkirchener Bergwerks-A.-G., Rheinelbe b. Gelsenkirchen.

„ Büttner, Erhard, Dr., Syndikus, Geschäftsführer der Handelskammer zu Augsburg und des Vereins Süddeutscher Baumwollindustrieller, Augsburg.

„ Butz, Dr., Vertreter des Vereins für die bergbaulichen Interessen im Oberbergamtsbezirk Dortmund, Essen (Ruhr).

„ Cramer, W., Vertreter der Handelskammer Hagen, Hagen (Westf.).

„ van Delden, Gerrit, Geh. Kommerzienrat, Gronau (Westf.).

„ Dietrich, Dr., Syndikus der Handelskammer Plauen.

„ Ditges, Rudolf, Generalsekretär des Vereins Deutscher Papierfabrikanten und des Vereins Deutscher Schiffswerften, Berlin W 10, Lützowufer 17.

„ Eckardt, Dr.-Ing., Bergdirektor, Geschäftsführer des Bergbaulichen Vereins für Zwickau und Lugau-Oelsnitz, Zwickau.

„ Elsner, Georg, i. F. Buchdruckerei und Verlagsanstalt Otto Elsner, A.-G., Berlin S 42, Oranienstr. 141.

„ Ernst, Vertreter der Coronawerk-A.-G., Brandenburg a. H.

„ Fasolt, Dr., Generalsekretär des Vereins zur Wahrung gemeinsamer Wirtschaftsinteressen der deutschen Elektrotechnik, Berlin.

„ Fett, M., Direktor, i. Fa. Archimedes Aktiengesellschaft, Berlin, Vorsitzender des Verbandes zur Wahrung gemeinsamer wirtschaftlicher Interessen der deutschen Schrauben-Industrie, Hagen (Westf.).

„ Funcke, Bergrat, Kamen, Vertreter der Gelsenkirchener Bergwerks-Aktiengesellschaft, Gelsenkirchen.

„ Frölich, Fr., Dipl.-Ingenieur, Geschäftsführer des Vereins Deutscher Maschinenbau-Anstalten, Düsseldorf.

„ Forthmann, W., Direktor des Kalisyndikats, Berlin.

„ Grabenstedt, Dr., Generalsekretär des Gesamtverbandes Deutscher Metallindustrieller, Berlin.

„ Grunenberg, Dr., General-Bergdirektor, Bergrat, Hermsdorf, Bezirk Breslau, Vorsitzender des Niederschlesischen Kohlensyndikats G. m. b. H., Waldenburg (Schles.).

„ Haas, Karl, Dr. med. h. c., Geh. Kommerzienrat, erster stellvertretender Vorsitzender des Vereins Deutscher Zellstoff-Fabrikanten, Generaldirektor der Zellstoffabriken Waldhof in Deutschland und Rußland, Mannheim, Waldhof.

Herr Hasenclever, Vertreter der Gelsenkirchener Bergwerks-A.-G., Rheinelbe b. Gelsenkirchen.

„ Hasse, Hans, Vertreter des Vereins Deutscher Werkzeugmaschinenfabriken, Berlin, Berlin.

„ Henneberg, Joh., Vertreter des Deutschen Vereins feuerfester Produkte, Freienwalde.

„ Hirsch, Mitglied des Hauses der Abgeordneten, Syndikus der Handelskammer für die Kreise Essen, Mülheim (Ruhr) und Oberhausen, Essen (Ruhr).

„ Hoehl, W., Direktor, Geschäftsführer des Ausschusses der Steinsalzwerke, Deutsches Steinsalzsyndikat Leopoldshall-Staßfurt.

„ Hoff, Kommerzienrat, Vorsitzender des Zentral-Verbandes deutscher Kautschuk-Fabriken und Vertreter der Vereinigten Gummiwarenfabriken Harburg-Wien vormals Menier J. N. Reit hoffer in Harburg (Elbe).

„ Hoffmann, L., Generaldirektor, Halle (Saale), Vertreter der Firma A. Riebecksche Montanwerke A.-G., Halle (Saale).

„ Hohn, G., Vertreter der Harzer Hosenträger- und Gürtelfabrik, Goslar.

„ Karau, Bergassessor a. D., Geschäftsführer des Vereins der Deutschen Kaliinteressenten, Magdeburg.

„ Keibel, R., Dr., zweiter Syndikus der Handelskammer für die Kreise Essen, Mühlheim (Ruhr) und Oberhausen zu Essen (Ruhr).

„ Kind, Dr., Düsseldorf, Vertreter des Vereins zur Wahrung der gemeinsamen wirtschaftlichen Interessen in Rheinland und Westfalen und der Nordwestlichen Gruppe des Vereins Deutscher Eisen- und Stahlindustrieller, Düsseldorf.

„ Klemm, M., Kommerzienrat, Vertreter des Fabrikantenvereins zu Forst i. L. (E. V.), Forst (Lausitz).

„ Klenk, W., Vertreter des Vereins Wandsbeker Industrieller, Wandsbek.

„ Körting, Max, Leutzsch, i. Fa. Körting & Mathiesen A.-G.

„ Krüger, Generalleutnant z. D., Exzellenz, Geschäftsführer des Vereins der Fabrikanten landwirtschaftlicher Maschinen und Geräte sowie des Verbandes Deutscher Maschinenfabrikanten für Brauereiindustrie, Berlin.

„ Kubatz, Dr., Geschäftsführer des Vereins Deutscher Pappenfabrikanten (E. V.) und des Vereins zur Wahrung der Interessen der Asphaltindustrie in Deutschland, Berlin.

Herr Kuhlo, Dr., Syndikus des Bayerischen Industriellen-Verbandes, München.

„ Latwesen, Geschäftsführer der Wirtschaftlichen Vereinigung deutscher Messingwerke, Cöln.

„ von und zu Loewenstein, Bergassessor, Geschäftsführer des Vereins für die bergbaulichen Interessen im Oberbergamtsbezirk Dortmund, Essen (Ruhr).

„ March, Albert, Fabrikbesitzer, Vorsitzender des Deutschen Vereins für Ton-, Zement- und Kalkindustrie, Charlottenburg.

„ Martens, Dr., Syndikus der Handelskammer Dortmund, Dortmund.

„ Marwitz, Kommerzienrat, Vorsitzender des Verbandes Deutscher Baumwollgarnverbraucher, Dresden.

„ Mathiesen, Leutzsch, i. Fa. Körting & Mathiesen A.-G.

„ Meesmann, Direktor, Geschäftsführer des Mittelrheinischen Fabrikantenvereins, Mainz.

„ Meyer, W., Direktor, Vertreter des Vereins Wandsbeker Industrieller, Wandsbek.

„ Meyer, Wilhelm, Rechtsanwalt, M. d. R., Hannover.

„ Mittelstaedt, Wilhelm, Fabrikbesitzer, i. Fa. Christian Dierig, G. m. b. H, Oberlangenbielau.

„ Müllensiefen, Th., Kommerzienrat, Vertreter der Handelskammer Bochum, Crengeldanz (Westf.).

„ Müller, Bergrat, Vertreter der Bergwerks-Aktiengesellschaft „Consolidation", Gelsenkirchen.

„ Müller, Th., Direktor der Firma Gebr. Stumm, G. m. b. H., Neunkirchen (Saar).

„ Mundt, Arthur, i. Fa. Berliner Gipswerke L. Mundt, vorm. H. Kühne, Berlin.

„ von Oechelhäuser, W., Dr.-Ing., Dessau, Vertreter des Kolonialwirtschaftlichen Komitees und der Deutschen Kontinental-Gas-Gesellschaft.

„ Ostern, Adolf, Dr., Gerichtsassessor, Geschäftsführer der Nordwestl. Eisen- und Stahl-Berufsgenossenschaft, Hannover.

„ Pelzer, Adolf Fr., Fabrikbesitzer, Vertreter des Vereins der Textilindustriellen von M.-Gladbach und Umgegend, M.-Gladbach.

„ Pohl, Dr., Geschäftsführer des Arbeitgeberverbandes für die Provinz Sachsen und der Vereinigung Deutscher Baumwollstrickgarnfabrikanten, Magdeburg.

Herr **Post**, Alexander, Fabrikbesitzer, Vorsitzender des Vereins der Märkischen Kleineisenindustrie, Hagen, und Vertreter der Handelskammer Hagen (Westf.).

„ **Reichert**, Dr., Geschäftsführer des Vereins Deutscher Eisen- und Stahlindustrieller, Berlin.

„ **Reincke**, F. C., Baumeister und Fabrikbesitzer, Vertreter des Verbandes Ostdeutscher Industrieller, Stolp (Pom.).

„ **Reinecker**, Joh. G., Kommerzienrat Dr.-Ing., Chemnitz, i. Fa. J. E. Reinecker, A.-G., Chemnitz-Gablenz, stellvertretender Vorsitzender des Vereins Deutscher Werkzeugmaschinenfabriken, Düsseldorf.

„ von **Reiswitz-Kaderzin und Grabowka**, Freiherr, geschäftsführendes Vorstandsmitglied des Allgemeinen Industrieverbandes, Hamburg.

„ **Reusch**, Kommerzienrat, Generaldirektor der Gutehoffnungshütte, Oberhausen (Rheinland).

„ **Riepert**, Regierungsbaumeister a. D., Vorsitzender der Zentralstelle zur Förderung der Deutschen Portland-Zement-Industrie, Berlin.

„ **Roitzsch**, Ernst, Syndikus, Geschäftsführer der Vereinigung Sächsischer Spinnereibesitzer, J. P. Chemnitz.

„ **Röll**, Wilhelm, Kommerzienrat, i. Fa. Erdmann Kircheis, Aue (Erzgebirge).

„ **Schaafhausen**, Direktor, Neuwelzow (N.-Lausitz).

„ **Scheufelen**, Adolf, Kommerzienrat Dr., Oberlenningen, i. Fa. Erste Deutsche Kunstdruck-Papierfabrik Carl Scheufelen, Oberlenningen-Teck, Württemberg.

„ **Schiele**, Ernst, Ingenieur, 2. Vorsitzender der Industrie-Abteilung der Hamburgischen Gewerbekammer, Hamburg.

„ **Schieß**, Dr.-Ing. h. c., Geh. Kommerzienrat, Düsseldorf, Vertreter des Vereins Deutscher Werkzeugmaschinenfabrikanten.

„ **Schlenker**, Dr., Syndikus der Handelskammer Saarbrücken, Generalsekretär des Vereins zur Wahrung der gemeinsamen wirtschaftlichen Interessen der Saarindustrie und der Südwestlichen Gruppe des Vereins Deutscher Eisen- und Stahl-Industrieller, Saarbrücken 3.

„ **Schmiedel**, Friedr., Landshut, Vertreter der Keksfabrik Landshut.

„ **Schrödter**, E., Dr.-Ing., Ingenieur, Geschäftsführer des Vereins Deutscher Eisenhüttenleute, Düsseldorf.

„ **Schröter**, Paul, Dr., Geschäftsführer der Handelskammer Duisburg-Ruhrort.

Herr Stahmer, Kommerzienrat, Georgs-Marienhütte, Vorsitzender der Handelskammer Osnabrück.

„ Steller, Paul, Generalsekretär des Vereins der Industriellen des Regierungsbezirks Cöln und des Vereins Deutscher Werkzeugmaschinenfabriken, Cöln.

„ von Stoephasius, Landrichter a. D., Geschäftsführer der Handelskammer für den Reg.-Bez. Oppeln, Oppeln.

„ Stumpf, F., Generalsekretär des Georgs-Marien-Bergwerks- und Hütten-Vereins, Syndikus der Handelskammer zu Osnabrück.

„ Süreth, Direktor, Königsberg i. Pr.

„ Tafel, W., i. Fa. Eisenwerk Nürnberg A.-G., vorm. J. Tafel & Co., Nürnberg.

„ Titze, Bergassessor, Senftenberg.

„ Toepffer, Dr., Vertreter des Vereins der Industriellen Pommerns und der benachbarten Gebiete, Stettin.

„ Töwe, Max, Dr., Verteter des Gesamtverbandes deutscher Metallindustrieller, Halle a. S.

„ Treutler, Bergwerksdirektor, Saarau i. Schlesien, Vertreter der Firma C. Kulmiz, G. m. b. H.

„ Tschierschky, Dr., Geschäftsführer des Vereins der Deutschen Textilveredlungsindustrie, Düsseldorf.

„ Ugé, Kommerzienrat, Kaiserslautern (Pfalz).

„ von Vopelius, Max, Dr., Hüttenbesitzer, Kom.-Rat, Sulzbach a. d. Saar.

„ Voye, Dr., Geschäftsführer der Handelskammer Hagen und des Vereins der Märkischen Kleineisenindustrie, Hagen.

„ Wächter, C., Zwickau, Vertreter der Handelskammer Plauen.

„ Walter, W., Senator, Fabrikdirektor, Hannover-Linden.

„ Weber, Herm., Geh. Kommerzienrat. Vorsitzender der Handelskammer Gera.

„ Weiskopf, Dr., Direktor der Hannoverschen Waggonfabrik, A.-G., Hannover-Linden.

„ Wenzel, Kommerzienrat, Direktor der Kammgarnspinnerei zu Leipzig, Leipzig.

„ Wiebe, Dr., Syndikus der Handelskammer Bochum, Bochum.

„ Wiesen, Herm. C., i. Fa. Websky, Hartmann & Wiesen, G. m. b. H., Wüstewaltersdorf (Schlef.).

„ Zahnbrecher, Franz Xav., Dr. phil. und oec. publ., Nürnberg, Sandstr. 4, Geschäftsführer des Verbandes Bayerischer Metallindustrieller.

Herr Zanders, Hans, Kommerzienrat, i. Fa. J. W. Zanders, Papierfabrik, Bergisch-Gladbach, Vertreter des Vereins der Industriellen des Regierungsbezirks Cöln.
„ Zechner, Professor, Mannheim, Vertreter des Vereins deutscher Fabriken landwirtschaftlicher Maschinen und Geräte, Berlin.
„ Zeyß, Richard, Dr., Syndikus der Handelskammer Crefeld, Crefeld.
„ Ziese, Geh. Kommerzienrat, i. Fa. F. Schichau, Elbing.

Mitglieder des Zentralverbandes der Industriellen Oesterreichs:

Herr Brosche, Dr., Vertreter des Zentralverbandes der Industriellen Oesterreichs, Wien.
„ Czerwiny, Franz, Kommerzial, Wien.
„ von Gutmann, Ritter Max, Bergrat, Wien, Vertreter des Zentralverbandes der Industriellen Oesterreichs, Wien.
„ Heimann, Karl, Dr., Wien, Vertreter des Zentralverbandes der Industriellen Oesterreichs, Wien.
„ Josephy, G., Bielitz, Vertreter des Verbandes der Industriellen von Bielitz, Biala und Umgebung, Oesterreich.
„ Knöpfel, A., Fiume.
„ Kuffler, Arthur, Vertreter des Zentralverbandes der Industriellen Oesterreichs, Wien.
„ v. Méhely, K., Budapest, Vertreter des Landesverbandes ungarischer Eisenwerke und Maschinenfabriken.
„ Raunig, Wien, Vertreter des Industriellen-Klub.
„ Weil, A., Kaiserl. Rat, Wien.

Als Gäste waren anwesend:

Herr Beindorff, Hannover, i. Fa. Günther Wagner, Hannover.
„ Bovenschen, Dr., Geschäftsführer des Reichsverbandes gegen die Sozialdemokratie.
„ Dieterich, E., Hannover, i. Fa. W. Dieterich, Hannover.
„ Eberle, Dr., Bürgermeister, Vorsitzender des Reichsdeutschen Mittelstandsverbandes, Nossen (Sa.).
„ Fahrenbach, L., Geschäftsführer des Reichsdeutschen Mittelstandsverbandes, Leipzig, Senefelderstr. 13—17.
„ Flathmann, Geschäftsführer, Charlottenburg.
„ Grona, A., Bergwerksdirektor, Bitterfeld.
„ Haak, Carl, Leipzig.

Herr Heynig, H., Syndikus, Chemnitz, Vertreter des Chemnitzer Bezirks Deutscher Metallindustrieller.
„ Klitzsch, L., Direktor der „Leipziger Illustrierten Zeitung", Leipzig.
„ Köhler, Dr., Berlin.
„ Rechtsanwalt Dr. Kohlmann, Hans, Dresden, Vertreter der Ortsgruppe Dresden der Mittelstands-Vereinigung.
„ Méguin, Franz, Dillingen (Saar), i. Fa. Franz Méguin & Co., A.-G.
„ Moeller, Bergassessor, Waldenburg (Schl.).
„ Obst, Edm., Leipzig, Vertreter der Firma Erste Deutsche Kunstdruck-Papierfabrik Carl Scheufelen, Oberlenningen-Teck, Württemberg.
„ Pfauter, Herm., Chemnitz, Vertreter der Werkzeugmaschinenfabrik, Chemnitz.
„ Richter, Josef A., Kaiserl. Rat, Warnsdorf.
„ Rix, Berlin.
„ Röchling, P., Saarbrücken.
„ Sack, P., Kommerzienrat, Leipzig.
„ Schrader, Regierungsrat, Leipzig.
„ Steinegger, L., Mittweida.
„ Tänzler, Dr., Syndikus, Berlin.
„ Weber, Hofrat, Vertreter der „Illustrierten Zeitung", Leipzig.
„ Weise, Halle a. S., Vertreter der Firma Weise & Monski.
„ Zell, Halle a. S., Vertreter der Halleschen Pfännerschaft, A.-G.

Als Vertreter der Presse waren anwesend:

Herr Borchardt, Dr., „Correspondenz Herzberg", Berlin.
„ Kiessig, Paul, Leipzig, Redakteur, Vertreter der Zeitung die „Post".
„ Klinenberger, A., Wien, Vertreter der „Neue Freie Presse".
„ Müller, Julius, Wien, Redakteur der „Industrie".
„ von Röell, Kammerherr, Freiherr, Berlin.
„ Schweinburg, Viktor, Herausgeber der „Berliner Politischen Nachrichten".
„ Steinmann-Bucher, Herausgeber der „Deutschen Industrie-Zeitung", Berlin.
„ Süßmuth, Berlin, Chefredakteur der „Deutschen Export-Revue".

Entschuldigt hatten sich:

Vom Direktorium:

Herr Brückner, Richard, Kommerzienrat, Fabrikbesitzer, Calbe a. S.
„ Bueck, H. A., Generalsekretär, Berlin.

Herr Flohr, Geh. Baurat, Hamburg.
„ Kirdorf, E., Geh. Kommerzienrat, Generaldirektor der Gelsenkirchener Bergwerks-Akt.-Ges., Rheinelbe bei Gelsenkirchen.
„ Koenig, G., Geh. Regierungsrat, Vorsitzender des Direktoriums des Vereins der Deutschen Zucker-Industrie, Zweiter stellvertretender Vorsitzender, Berlin W; Kleiststr. 32.
„ von Rieppel, A., Dr.-Ing. h. c. und Dr. phil., Kgl. Geh. Baurat, Vorsitzender des Bayerischen Industriellen-Verbandes, Erster stellvertretender Vorsitzender, Nürnberg, Aeußere Cramer-Klett-Str. 12.
„ Schlumberger, Th., Geh. Kommerzienrat, Vorsitzender des Elsässischen Industriellen-Syndikats, Mülhausen i. Els.
„ Vorster, Jul., Geh. Kommerzienrat, Mitglied des Hauses der Abgeordneten, Vorsitzender des Vereins der Industriellen des Reg.-Bez. Cöln, Cöln.
„ Werminghoff, Generaldirektor, Weißer Hirsch bei Dresden.

Von Mitgliedern:

Herr Baur, G., Baurat, Kiel.
Bayerische Stahlformgießerei Krautheim & Comp., G. m. b. H., Allach b. München.
Herr Bedall, C. O., Fabrikdirektor, Mittweida (Sachs.).
„ Beukenberg, Geh. Baurat, Hörde.
„ Blohm, Herm., Dr.-Ing., Hamburg-Steinwärder.
„ Blume, Direktor, Stettin.
„ Brunner, A., Hof (Bayern).
„ Däbritz, M., Bergrat, Zwickau.
„ Delius, Carl, Geh. Kommerzienrat, Dr.-Ing., Aachen.
Deutsche Ammoniak-Verkaufsvereinigung, G. m. b. H., Bochum.
Deutscher Wäscherei-Verband, E. V., Berlin.
Herr Dietel, Franz, Geh. Kommerzienrat, Coßmannsdorf.
„ von Donnersmarck, Guido Fürst Henckel, Neudeck (Oberschl.).
„ Förster, Direktor der Zuckerfabrik Anklam, Anklam.
Handelskammer Altona.
Handelskammer Colmar.
Harzer Werke zu Rübeland und Zorge, Blankenburg (Harz).
Herr Haßler, i. F. Rugendas & Cie., Augsburg.
„ Haumann, Oberbürgermeister, Cöln.
„ Hinsberg, Ed., Düren.
Hochofenwerk Lübeck, A.-G., Herrenwyck.

Herr Jung, Kurt, Erster Direktor der Niederlausitzer Brikett-Verkaufsgesellschaft, Berlin.
" Koechlin, Alb. G., Steinen (Baden).
" Koch, Arthur, i. F. Gebrüder Koch, G. m. b. H., Lausigk (Sachs.).
" Langen, C. O., Kommerzienrat, M.-Gladbach.
" Lindgens, A., Cöln-Bayenthal.
" Linke, Fürstlich-Hohenlohescher Generaldirektor, Slawentzitz.
" Lürmann, Fritz W., Berlin.
" Macco, Heinrich, Dr.-Ing., M. d. A., Siegen.
Mechanische Weberei Fischen, Sonthofen.
Herr Miller & Hetzel, München.
" Moldenhauer, Professor Dr., Cöln.
" Müller, C., i. Fa. Rütgerswerke, Akt.-Ges., Berlin.
" Neubarth, Eugen, Kommerzienrat, Forst i. L.
" Niedt, Dr., Kommerzienrat, Gleiwitz.
" von Oswald, W., Geh. Kommerzienrat, Coblenz.
" von Pechmann, Freiherr, Kgl. Kämmerer, München.
" Petry, J., Kgl. Kommerzienrat, München.
" Richter, Georg, Döbeln.
" Schlesinger, Arthur, i. F.: Holzhandel G. m. b. H., Beuthen (Ob.-Schles.).
Schlesische Textilwerke, Methner & Frahne, A.-G., Landeshut (Schles.).
Herr Schmid, Th. W., Generaldirektor, Hof (Bayern).
" Schwemann, Carl, Gevelsberg.
" Servaes, A., Geh. Kommerzienrat, Düsseldorf.
" Siegert, Kgl. Kommerzienrat, Hildesheim.
" von Skene, Karl, Geh. Kommerzienrat, Breslau.
" Sorge, Kurt, Direktor, Magdeburg-Buckau.
" Stahl, Kommerzienrat, Dr.-Ing., Düsseldorf.
" Tiemann, Kommerzienrat, Bielefeld.
" Trescher, Dr., Düsseldorf.
" Weinlig, Otto F., Generaldirektor, Burg Lede bei Beuel a. Rh.
" Weicker, G., Direktor der Maschinen-Genossenschaft, Königsberg i. Pr.
" Wihard, H. & F., Liebau (Schles.).
" Winkler, Paul, Geh. Kommerzienrat, Fürth (Bayern).
" Wolf, Netter & Jacobi, Berlin.
" Zörner, Bergrat, Cöln-Kalk.

Liste der Anwesenden
bei der
gemeinsamen Tagung der deutschen und österreichischen Industriellen

am Dienstag, den 16. September 1913, 10 Uhr vormittags im großen Kongreßsaale der Internationalen Baufach-Ausstellung zu Leipzig.

Vertreter von Reichs- und anderen Behörden usw.:

Herr Ayrer, Dr., Geh. Regierungsrat, Vertreter der Kgl. Kreishauptmannschaft, Leipzig.
" Dittrich, Dr., Oberbürgermeister, Leipzig.
" Elterich, Ministerialdirektor, Geh. Rat im Kgl. Sächs. Finanzministerium, Dresden.
" von Kreutzbruck, Robert, Ministerialrat im Handelsministerium, Wien.
" Müller, Direktor im Reichsamt des Innern, Wirkl. Geh. Rat, Berlin.
" Morgenstern, H., Geh. Regierungsrat im Kgl. Sächs. Ministerium des Innern, Dresden-Blasewitz.
" Mehnert, Dr., Wirkl. Geh. Rat, Exzellenz, Dresden.
" von Stockhammern, Geh. Legationsrat im Auswärtigen Amt, Berlin.

Ferner nahmen als **Vertreter von befreundeten industriellen Organisationen** teil:

Von der Ständigen Ausstellungskommission für die deutsche Industrie:

Herr Busley, Prof., Dr., Kais. Geh. Regierungsrat, Berlin.
" Helft, Dr., Berlin.

Mitglieder des Direktoriums:

Herr **Rötger**, Landrat a. D., Berlin.
„ **Abt**, Kommerzienrat, Saarbrücken.
„ **Hilger**, Geh. Bergrat, Generaldirektor der Vereinigten Königs- und Laurahütte, Vorsitzender der Oestlichen Gruppe des Vereins Deutscher Eisen- und Stahl-Industrieller, Berlin NW, Dorotheenstr. 50.
„ **Hugenberg**, Geh. Finanzrat, Vorsitzender im Direktorium der Fried. Krupp A.-G., Essen (Ruhr).
„ **Schrey**, Regierungs- und Geh. Baurat, Berlin.
„ **Semlinger**, H., Geh. Kommerzienrat, Vorsitzender des Vereins Süddeutscher Baumwollindustrieller, Bamberg.
„ **Vogel**, Geh. Kommerzienrat, Vorsitzender des Verbandes der Textilindustriellen Chemnitz, Chemnitz.

Mitglieder der Geschäftsführung:

Herr **Schweighoffer**, Dr., Regierungsrat a. D., Geschäftsführer, Berlin.
„ **von Stojentin**, Dr., stellvertretender Geschäftsführer, Berlin.
„ **Ebner**, Dr., Berlin.
„ **Hoff**, Dr., Berlin.
„ **Lohan**, Dr., Berlin.

Mitglieder des Centralverbandes Deutscher Industrieller:

Herr **Arends**, Robert, Direktor, Geschäftsführer des Niederschlesischen Kohlensyndikats, G. m. b. H., Waldenburg (Schles.).
„ **Ashoff**, Wilhelm, Generaldirektor, Vorsitzender der Handelskammer Altena und des Wirtschaftlichen Verbandes Deutscher Messingwerke, Generaldirektor der Firma Basse & Selve.
„ **Batscheck**, Generaldirektor des Deutschen Braunkohlen-Industrie-Vereins, Halle a. S.
„ **Beisert**, Geschäftsführer des Deutschen Braunkohlen-Industrie-Vereins, Halle a. S.
„ **Beumer**, W., Dr., Mitglied des Hauses der Abgeordneten, Generalsekretär des Vereins zur Wahrung der gemeinsamen wirtschaftlichen Interessen in Rheinland und Westfalen und der Nordwestlichen Gruppe des Vereins Deutscher Eisen- und Stahl-Industrieller, Düsseldorf.
„ **Bleichert**, Max, Kommerzienrat, i. F. Bleichert & Co., Leipzig-Gohlis.

Herr Blick, Dr., Vertreter der Firma Th. Goldschmidt, A.-G., Essen (Ruhr).

" Boelcke, Dr., Vertreter des Gesamtverbandes Deutscher Metallindustrieller, Berlin.

" von Borsig, E., Geh. Kommerzienrat, Berlin-Tegel.

" Burgers, F., Vertreter der Gelsenkirchener Bergwerks-A.-G., Rheinelbe b. Gelsenkirchen.

" van Delden, Gerrit, Geh. Kommerzienrat, Gronau (Westf.).

" Dietrich, Dr., Syndikus der Handelskammer Plauen.

" Ditges, Rudolf, Generalsekretär des Vereins Deutscher Papierfabrikanten und des Vereins Deutscher Schiffswerften, Berlin W 10, Lützowufer 17.

" Elsner, Georg, i. F. Buchdruckerei und Verlagsanstalt Otto Elsner, A. G., Berlin S 42, Oranienstr. 141.

" Ernst, Vertreter der Coronawerk-A.-G., Brandenburg a. H.

" Frölich, Fr., Dipl.-Ingenieur, Geschäftsführer des Vereins Deutscher Maschinenbau-Anstalten, Düsseldorf.

" Gerwin, C., Direktor des Stahlwerksverbandes, Aktiengesellschaft, Düsseldorf.

" Grabenstedt, Dr., Generalsekretär des Gesamtverbandes Deutscher Metallindustrieller, Berlin.

" Gulden, W., Vorsitzender der Handelskammer Chemnitz.

" Hasenclever, Vertreter der Gelsenkirchener Bergwerks-A.-G., Rheinelbe b. Gelsenkirchen.

" Hasse, Hans, Vertreter des Vereins Deutscher Werkzeugmaschinenfabriken Berlin, Berlin.

" Henneberg, Joh., Vertreter des Deutschen Vereins feuerfester Produkte, Freienwalde.

" Hirsch, M. d. A., Syndikus der Handelskammer für die Kreise Essen, Mülheim (Ruhr) und Oberhausen, Essen (Ruhr).

" Hoehl, W., Direktor, Geschäftsführer des Ausschusses der Steinsalzwerke, Deutsches Steinsalzsyndikat Leopoldshall-Staßfurt.

" Hoff, Kommerzienrat, Vorsitzender des Zentral-Verbandes deutscher Kautschuk-Fabriken und Vertreter der Vereinigten Gummiwarenfabriken Harburg-Wien vormals Menier J. N. Reithoffer in Harburg (Elbe).

" Hoffmann, Felix, Geh. Kommerzienrat, Vertreter der Firma C. G. Hoffmann, Mechanische Buntweberei, Neugersdorf i. Sa.

Herr Horey, Dr., M. d. R., Vertreter der Leipziger Baumwollspinnerei, Leipzig-Lindenau.

„ Karau, Bergassessor a. D., Geschäftsführer des Vereins der Deutschen Kaliinteressenten, Magdeburg.

„ Keibel, R., Dr., zweiter Syndikus der Handelskammer für die Kreise Essen, Mülheim (Ruhr) und Oberhausen zu Essen (Ruhr).

„ Klemm, M., Kommerzienrat, Vertreter des Fabrikantenvereins zu Forst i. L. (E. V.), Forst (Lausitz).

„ Klenk, W., Vertreter des Vereins Wandsbeker Industrieller, Wandsbek.

„ Krüger, Generalleutnant z. D., Exzellenz, Geschäftsführer des Vereins der Fabrikanten landwirtschaftlicher Maschinen und Geräte sowie des Verbandes Deutscher Maschinenfabrikanten für Brauereiindustrie, Berlin.

„ Kuhlo, Dr., Syndikus des Bayerischen Industriellen-Verbandes, München.

„ von Langen, Gottlieb, Fideikommiß- und Fabrikbesitzer, Cöln, Vertreter des Vereins der Deutschen Zuckerindustrie.

„ Martens, Dr., Syndikus der Handelskammer Dortmund, Dortmund.

„ Meesmann, Direktor, Geschäftsführer des Mittelrheinischen Fabrikantenvereins, Mainz.

„ Meyer, W., Direktor, Vertreter des Vereins Wandsbeker Industrieller, Wandsbek.

„ Meyer, Wilhelm, Rechtsanwalt, M. d. R., Hannover. gartenstr. 39.

„ Mittelstaedt, Wilhelm, Fabrikbesitzer, i. Fa. Christian Dierig, G. m. b. H., Oberlangenbielau.

„ Müllensiefen, Th., Kommerzienrat, Vertreter der Handelskammer Bochum, Crengeldanz (Westf.).

„ Müller, Bergrat, Vertreter der Bergwerks-Aktiengesellschaft „Consolidation“, Gelsenkirchen.

„ von Oechelhäuser, W., Dr.-Ing., Dessau, Vertreter des Kolonialwirtschaftlichen Komitees und der Deutschen Kontinental-Gas-Gesellschaft.

„ Ostern, Adolf, Dr., Gerichtsassessor, Geschäftsführer der Nordwestl. Eisen- und Stahl-Berufsgenossenschaft, Hannover.

„ Peltzer, Adolf Fr., Fabrikbesitzer, Vertreter des Vereins der Textilindustriellen von M.-Gladbach und Umgegend, M.-Gladbach.

Herr Pohl, Dr., Geschäftsführer des Arbeitgeberverbandes für die Provinz Sachsen und der Vereinigung Deutscher Baumwollstrickgarnfabrikanten, Magdeburg.

„ Post, Alexander, Fabrikbesitzer, Vorsitzender des Vereins der Märkischen Kleineisenindustrie, Hagen, und Vertreter der Handelskammer Hagen (Westf.).

„ Preller, F., Mitinhaber der Fa. F. M. Weber, Papier- und Pappenfabrik, Leipzig.

„ Reichert, Dr., Geschäftsführer des Vereins Deutscher Eisen- und Stahlindustrieller, Berlin.

„ Reinecker, Joh. G., Kommerzienrat, Dr.-Ing., Chemnitz, i. Fa. J. E. Reinecker, A.-G., Chemnitz-Gablenz, stellvertretender Vorsitzender des Vereins Deutscher Werkzeugmaschinenfabriken, Düsseldorf.

„ Reusch, Kommerzienrat, Generaldirektor der Gutehoffnungshütte, Oberhausen (Rheinland).

„ Roitzsch, Ernst, Syndikus, Geschäftsführer der Vereinigung Sächsischer Spinnereibesitzer, J. P., Chemnitz.

„ Röll, Wilhelm, Kommerzienrat, i. Fa. Erdmann Kircheis, Aue (Erzgebirge).

„ Schaltenbrand, Direktor der Hohenlohewerke in Hohenlohehütte (O.-S.).

„ Schieß, Dr.-Ing. h. c., Geh. Kommerzienrat, Vertreter des Vereins Deutscher Werkzeugmaschinenfabrikanten, Düsseldorf.

„ Schlenker, Dr., Syndikus der Handelskammer Saarbrücken, Generalsekretär des Vereins zur Wahrung der gemeinsamen wirtschaftlichen Interessen der Saarindustrie und der Südwestlichen Gruppe des Vereins Deutscher Eisen- und Stahl-Industrieller, Saarbrücken 3.

„ Schröcker, Vertreter der A. Riebeckschen Montanwerke, A.-G., Halle a. S., Halle a. S.

„ Schröter, Paul, Dr., Geschäftsführer der Handelskammer Duisburg-Ruhrort.

„ Schürholz, H., Vorsitzender des Verbandes Deutscher Cocosindustrieller, Hervest-Dorsten.

„ Steven, A., Vertreter des Verbandes Deutscher Cocosindustrieller, Hervest-Dorsten.

„ v. Stoephasius, Landrichter a. D., Geschäftsführer der Handelskammer für den Regierungsbezirk Oppeln, Oppeln.

„ Stumpf, F., Generalsekretär des Georgs-Marien-Bergwerks- und Hütten-Vereins, Syndikus der Handelskammer Osnabrück.

Herr Tafel, W., i. Fa. Eisenwerk Nürnberg A.-G., vorm. J. Tafel & Co., Nürnberg.

„ Toepffer, Dr., Direktor, Vertreter des Vereins der Industriellen Pommerns und der benachbarten Gebiete, Stettin.

„ Töwe, Max, Dr., Vertreter des Gesamtverbandes deutscher Metallindustrieller, Halle a. S.

„ Treutler, Bergwerksdirektor, Vertreter der Firma C. Kulmiz, G. m. b. H., Saarau i. Schlesien.

„ Tschierschky, Dr., Geschäftsführer des Vereins der Deutschen Textilveredlungsindustrie, Düsseldorf.

„ Ugé, Kommerzienrat, Kaiserslautern (Pfalz).

„ von Vopelius, Max, Dr., Hüttenbesitzer, Kom.-Rat, Sulzbach a. d. Saar.

„ Voye, Dr., Geschäftsführer der Handelskammer Hagen und des Vereins der Märkischen Kleineisenindustrie, Hagen.

„ Weber, Herm., Geh. Kommerzienrat, Vorsitzender der Handelskammer Gera.

„ Wiebe, Dr., Syndikus der Handelskammer Bochum, Bochum.

„ Wiegand, Generaldirektor, Vertreter des Vereins deutscher Fabriken feuerfester Produkte, Cöln.

„ Wiesen, Herm. C., i. Fa. Websky, Hartmann & Wiesen, G. m. b. H., Wüstewaltersdorf (Schles.).

„ Zahnbrecher, Franz Xav., Dr. phil. und oec. publ., Nürnberg, Geschäftsführer des Verbandes Bayerischer Metallindustrieller.

„ Zeyß, Richard, Dr., Syndikus der Handelskammer Crefeld, Crefeld.

„ Ziese, Geh. Kommerzienrat, i. Fa. F. Schichau, Elbing.

Mitglieder des Zentralverbandes der Industriellen Oesterreichs:

Herr Bathelt, Richard, Bielitz (Oest.-Schl.), Verband der Industriellen von Bielitz, Biala und Umgebung.

„ Baumann, L., Oberbaurat, Wien, Oesterreichischer Ingenieur- und Architekten-Verein.

„ Bokmayer, Walther, Kais. Rat, Verband der Industriellen in den pol. Bezirken Baden, Mödling, Neunkirchen, Wr.-Neustadt und Umgebung.

„ Budig, Max, Dr., Zwickau, Verein der Baumwollspinner Oesterreichs.

„ Bujatti, Hermann, Kommerzialrat, Wien, Verband österr. Seiden-Industrieller.

Herr Callenberg, Carl, Oderfurt, Zentraldirektor, Nordmähr.-schlesischer Industriellen-Verband.
„ Carus, Fritz, Dr., Regierungsrat, Reichenberg, Sekretär der Handels- und Gewerbekammer.
„ Cichorius, Theodor, Kratzau, Verband Nordböhmischer Industrieller.
„ Czerweny, Franz, Kommerzialrat, Wien, Industrieller Klub.
„ Deutsch, Oscar, Bielitz (Oesterr.), Verband der Industriellen von Bielitz-Biala und Umgebung.
„ Fischl, Josef, Ing., Wien, Industrielle Vereinigung.
„ Fischer, Felix, Generalkonsul, Wien, Industrieller Klub.
„ von Fuchs, Oskar, Ingenieur, Böhm.-Kamnitz, Verein der österr.-ungar. Papierfabrikanten.
„ Grab, Emanuel, Kommerzialrat, Wien, Verein der österr.-ungar. Fabrikanten von Wachstuch, Linoleum, wasserdichten Stoffen und Kunstleder.
„ von Gutmann, Ritter Max, Bergrat, Wien, Industrieller Klub.
„ Haerdtl, Theodor, Dr., Direktionssekretär, Witkowitz, Nordmähr.-schles. Industriellen-Verband.
„ Hamburger, Adolf, Wien, Verein der österr.-ungar. Papierfabrikanten.
„ Heller, Rudolf, Direktor, Wien, Verein der österr. Zementfabrikanten.
„ Hüttemann, Gottfried, Oberbergrat, Brüx, Zentralverein der Bergwerksbesitzer Oesterreichs.
„ von Huze, Alfonse, Wien, Verein der österr. Waggonfabriken.
„ Josephy, Gustav, Kommerzialrat, Bielitz, Verband der Industriellen von Bielitz, Biala und Umgebung.
„ Kahl, Josef, Dr., Sekretär, Reichenberg, Verband nordböhmischer Industrieller.
„ Kaiser, Max, Dr., Sekretär, Wien, Hauptstelle österr. Arbeitgeber-Organisationen.
„ Karrer, Heinrich, Reichenberg, Verband nordböhmischer Industrieller.
„ Kern, Theodor, Kommerzialrat, Iglau, Verein der Industriellen von Iglau und Umgebung.
„ Kiesewetter, Ferdinand, Reichenberg, Verband nordböhmischer Industrieller.
„ Klinenberg, Ludwig, Redakteur, Wien, Neue Freie Presse.
„ Kreindl, Karl, Wien, Oesterr. Ton-Industrie-Verein.
„ von Kreutzbruck, Robert, Ministerialrat, k. k. Handelsministerium.

Herr Krükl, Franz, Wien, Oesterr. Azetylen-Verein.

„ von Kubinzky, Eugen, Freiherr, Prag, Verein der Baumwoll-Drucker, Bleicher, Färber und Appreteure.

„ Kuffler, Arthur, Wien, Verein der Baumwoll-Spinner Oesterreichs.

„ Löbl, Richard, Dr., Aussig a. E., Elbeverein.

„ Löw-Beer, Alfred, Brünn, Verein der Woll-Industriellen Mährens.

„ Magnus, C. M., Direktor, Wien, Verband der österr.-ungar. Kautschukwarenfabriken.

„ Marbach, Ernst, Dr., Kommerzialrat, Wien, Verein der Baumwollweber Oesterreichs.

„ Marton, Max, Dr., Warnsdorf, Verband zur Wahrung von Industrie- und Handels-Interessen.

„ Mautner, Isidor, Kommerzialrat, Verein der Baumwoll-Spinner Oesterreichs.

„ Mayer, Isidor Edmund, Wien, Verein der Montan-, Eisen- und Maschinen-Industriellen in Oesterreich.

„ Mayr, Robert, Reg.-Rat Dr., Brünn, Sekretär der Handels- und Gewerbekammer.

„ Merz, Julius, Asch, Verein der Ascher Textilindustriellen.

„ Neumann, Adolf, Edler v. Ditterswald, Kais. Rat, Wien, Verein der Baumwoll-Drucker, Bleicher, Färber, Appreteure Oesterreichs.

„ Neumann, Alfred, Dr., Wien, Industrieller Klub.

„ Neumann, Karl, Kais. Rat, Reichenberg, Vereinigung zur Wahrung industrieller und gewerblicher Interessen für Reichenberg und Umgebung.

„ Nevole, Svetozar, Ingen., Wien, Verband zur Wahrung der Interessen der österr. Betriebskrankenkassen.

„ v. Noot, Hugo, Dr., Wien, Industrielle Vereinigung.

„ von Medinger, Edler, Hans, Generalkonsul, Wien, Brauherrenverein für Wien und Umgebung.

„ Mukden, Max, Brünn, Verband der Vigogne-Spinnereien Oesterreichs.

„ von Penzig-Franz, Ritter, Edgar, Generaldirektor, Vöslau, Verband der Kammgarnspinnereien Oesterreichs.

„ Pollak, Richard, Ingenieur, Wien, Industrieller Klub.

„ Pusch, Kurt, Direktor, Golleschau, Verein der österreichischen Zementfabrikanten.

„ Raunig, A. G., Generalsekretär, Wien, Industrieller Klub.

Herr Richter, Josef, A., Kais. Rat, Warnsdorf, Verband zur Wahrung von Industrie- und Handelsinteressen.

„ Rühr, K., Dir., Prag-Smichow, Verein der österr. Zementfabrikanten.

„ Scheider, Paul, Reichenberg (Böhmen), Verband nordböhmischer Industrieller.

„ Schindler, Max, Brünn, Verein österr. Malzfabrikanten.

„ Schmidt, Theodor, Kommerzienrat, Zentralverein der Schokolade- und Zuckerwarenfabrikanten in Oesterr.-Ungarn.

„ Schneider, Theodor, Dr., Sekretär, Wien, Verband zur Wahrung der Interessen der österreichischen Betriebskrankenkassen.

„ Schuster, Friedrich, Dr., Generaldirektor, Witkowitz, Nordmährisch-schlesischer Industriellen-Verband.

„ Seidner, Emil, Iglau, Verein der Wirk- und Strickwarenfabrikanten Oesterreich-Ungarns.

„ Spiegel, Fritz, Warnsdorf, Verband zur Wahrung von Industrie- und Handels-Interessen.

„ Spiro, Emanuel, Böhm.-Krumau, Verein der österr.-ungar. Papierfabrikanten.

„ Tom, Adolf, Asch, Verein der Ascher Textilindustriellen.

„ Urban, Karl, Dr., Prag, Herrenhausmitglied.

„ Vogt, Hans, Bielitz, Verband der Industriellen von Bielitz, Biala und Umgebung.

„ Walter, Alfred, Dr., Reichenberg, Verband nordböhmischer Industrieller.

„ Wiedermann, Ig., Georgswalde, Verband nordböhmischer Industrieller.

„ Winterberg, Josef, Weyständl, Genossenschaft der österreichischen Zuckerfabriken.

„ Wolf, Albert, Dr., Sekretär, Verein der Montan-, Eisen- und Maschinen-Industriellen in Oesterreich.

„ von Zimmermann, Carl, Althabendorf, Verband nordböhmischer Industrieller.

„ Zipser, Eduard, Bielitz, Verband der Industriellen von Bielitz, Biala und Umgebung.

„ Zipser, Erwin, Bielitz, Verband der Industriellen von Bielitz, Biala und Umgebung.

Als Gäste waren anwesend:

Herr Beindorff, Hannover, i. Fa. Günther Wagner, Hannover.

„ Böker, Leipzig.

Herr Bovenschen, Dr., Geschäftsführer des Reichsverbandes gegen die Sozialdemokratie.

„ Budia, Max, Dr., Zittau.

„ Dieterich, E., Hannover, i. Fa. W. Dieterich, Hannover.

„ Dix, Bruno, Leipzig.

„ Eberle, Dr., Bürgermeister, Vorsitzender des Reichsdeutschen Mittelstandsverbandes, Nossen (Sa.).

„ Eckardt, Dr.-Ing., Zwickau.

„ Eydam, Willy, Dresden, Vertreter des Zentralverbandes der Bergwerksbesitzer Oesterreichs.

„ Fahrenbach, L., Geschäftsführer des Reichsdeutschen Mittelstandsverbandes, Leipzig.

„ Finke, Cainsdorf, Vertreter der Königin-Marien-Hütte.

„ Flathmann, Geschäftsführer, Charlottenburg.

„ Heynig, H., Syndikus, Chemnitz, Vertreter des Chemnitzer Bezirks Deutscher Metallindustrieller.

„ Klien, Dr., Leipzig, Vertreter der Handelskammer Leipzig.

„ Konegen, F., Dr.-Ing., Braunschweig.

„ Köhler, Dr., Berlin.

„ Koehn, Theodor, Baurat, Berlin, Vorsitzender des Wasserwirtschaftlichen Verbandes.

„ List, Hermann, Naumburg (Saale).

„ Moeller, Bergassessor, Waldenburg (Schl.).

„ Olee, Syndikus, Mannheim, Vertreter des Verbandes der Metall-Industriellen Badens und der Pfalz.

„ Richter, Josef A., Warnsdorf.

„ Rix, Berlin.

„ Röchling, P., Saarbrücken.

„ Sack, P., Kommerzienrat, Leipzig.

„ Schmidt, Komm.-Rat, Leipzig, Vorsitzender der Handelskammer Leipzig.

„ Schön, Kgl. Baurat, Braunschweig, i. Fa. Max Jüdel & Co.

„ Schrader, Regierungsrat, Leipzig.

„ Spiegel, Fritz, i. F. Emil Spiegel & Comp., Warnsdorf.

„ Steinegger, L., Mittweida.

„ Tänzler, Dr., Syndikus, Berlin.

„ Walde, Direktor, Cöln a. Rh.

„ Weber, Hofrat, Vertreter der „Illustrierten Zeitung“, Leipzig.

„ Weise, E. F., Halle a. S.

„ Weise, Halle a. S.

Als Vertreter der Presse waren anwesend:

Herr Corvey, J., „Frankfurter Zeitung", Dresden.
„ Efferoth, „Abendzeitung", Leipzig.
„ von Röell, Kammerherr Freiherr, Berlin.
„ Schweinburg, Chefredakteur der „Berliner Pol. Nachrichten", Berlin.
„ Steinmann-Bucher, Herausgeber der „Deutschen Industrie-Zeitung", Berlin.
„ von Ulrich, C., „Berliner Lokal-Anzeiger", Leipzig.

Entschuldigt hatten sich:

Vom Direktorium:

Herr Brückner, Richard, Fabrikbesitzer, Calbe a. S.
„ Bueck, H. A., Generalsekretär, Berlin.
„ Ehrhardt, Max, Baurat, Weimar.
„ Flohr, Geh. Baurat, Hamburg.
„ Kirdorf, E., Geh. Kommerzienrat, Generaldirektor der Gelsenkirchener Bergwerks-Akt.-Ges., Rheinelbe bei Gelsenkirchen.
„ Koenig, G., Geh. Regierungsrat, Vorsitzender des Direktoriums des Vereins der Deutschen Zucker-Industrie, Zweiter stellvertretender Vorsitzender, Berlin W, Kleiststr. 32.
„ von Rieppel, A., Dr.-Jng. h. c. und Dr. phil., Kgl. Geh. Baurat, Vorsitzender des Bayerischen Industriellen-Verbandes, Erster stellvertretender Vorsitzender, Nürnberg, Aeußere Cramer-Klettstr. 12.
„ Schlumberger, Th., Geh. Kommerzienrat, Vorsitzender des Elsässischen Industriellen-Syndikats, Mülhausen i. Els.
„ von Siemens, Wilhelm, Dr.-Jng., Geh. Regierungsrat, Vorsitzender des Aufsichtsrats der Siemens-Schuckertwerke, Berlin SW, Askanischer Platz 3.
„ Vorster, Jul., Geh. Kommerzienrat, Mitglied des Hauses der Abgeordneten, Vorsitzender des Vereins der Industriellen des Reg.-Bez. Cöln, Cöln.
„ Werminghoff, Generaldirektor, Weißer Hirsch bei Dresden.

Von Mitgliedern:

Herr Baur, G., Baurat, Kiel.
Bayerische Stahlformgießerei Krautheim & Comp., G. m. b. H., Allach b. München.
Herr Bedall, C. O., Fabrikdirektor, Mittweida (Sachs).

Herr Beukenberg, Geh. Baurat, Hörde (Westf.).
„ Blohm, Herm., Dr.-Ing., Hamburg-Steinwärder.
„ Blume, Direktor, Stettin.
„ Brunner, A., Hof (Bayern).
„ Bühri g, Dr., Berlin.
„ Däbritz, M., Bergrat, Zwickau.
„ Delius, Carl, Geh. Kommerzienrat, Dr.-Ing., Aachen.
Deutsche Ammoniak-Verkaufsvereinigung, G. m. b. H., Bochum.
Deutscher Wäscherei-Verband, E. V., Berlin.
Herr Dietel, Franz, Geh. Kommerzienrat, Coßmannsdorf.
„ von Donnersmarck, Guido Fürst Henckel, Neudeck (Oberschl.).
„ Förster, Direktor der Zuckerfabrik Anklam, Anklam.
Handelskammer Altona.
Handelskammer Colmar.
Handelskammer Krakau.
Harzer Werke zu Rübeland und Zorge, Blankenburg (Harz).
Herr Haßler, i. F. Rugendas & Cie., Augsburg.
„ Haumann, Oberbürgermeister, Cöln.
„ Hegenscheidt, Landrat, Dr. jur., Hoyerswerda.
„ Hinsberg, Ed., Düren.
Hochofenwerk Lübeck, A.-G., Herrenwyck.
Herr Jung, Kurt, Erster Direktor der Niederlausitzer Brikett-Verkaufsgesellschaft, Berlin.
„ Koechlin, Alb. G., Steinen (Baden).
„ Koch, Arthur, i. F. Gebrüder Koch, G. m. b. H., Lausigk (Sachs.).
„ Langen, C. O., Kommerzienrat, M.-Gladbach.
„ Lindgens, A., Cöln-Bayenthal.
„ Linke, Generaldirektor, Slawentzitz.
„ Lürmann, Fritz W., Berlin.
„ Macco, Heinrich, Dr.-Ing., M. d. A., Siegen.
„ Mayer, Dr., Geschäftsführer der Abteilung der Rohzuckerfabriken des Vereins der deutschen Zucker-Industrie, Berlin.
Mechanische Weberei Fischen, Sonthofen.
Herr Miller & Hetzel, München.
„ Moldenhauer, Professor Dr., Cöln.
„ Müller, C., i. F. Rütgerswerke Akt.-Ges., Berlin.
„ Neubarth, Eugen, Kommerzienrat, Forst i. L.
„ Niedt, Dr., Kommerzienrat, Gleiwitz.
„ von Oswald, W., Geh. Kommerzienrat, Coblenz.
„ von Pechmann, Freiherr, Kgl. Kämmerer, München.

Herr Petry, J., Kgl. Kommerzienrat, München.
„ Richter, Georg, Döbeln.
„ Schauseil, Verwaltungsdirektor, Hamburg.
„ Schlesinger, Arthur, Beuthen (Ob.-Schles.).
Schlesische Textilwerke, Methner & Frahne, A.-G., Landeshut (Schles.).
Herr Schmid, Th. W., Generaldirektor, Hof (Bayern).
„ Schwemann, Carl, Gevelsberg.
„ Servaes, A., Geh. Kommerzienrat, Düsseldorf.
„ Siegert, Kgl. Kommerzienrat, Hildesheim.
„ von Skene, Karl, Geh. Kommerzienrat, Breslau.
„ Sorge, Kurt, Direktor, Magdeburg-Buckau.
„ Stahl, Kommerzienrat, Dr.-Ing., Düsseldorf.
„ Tiemann, Kommerzienrat, Bielefeld.
„ Trescher, Dr., Düsseldorf.
„ Vosberg-Reckow, Dr., Berlin.
„ Weicker, G., Direktor der Maschinen-Genossenschaft, Königsberg i. Pr.
„ Weinlig, Otto F., Generaldirektor, Burg Lede bei Beuel a. Rh.
„ Wihard, H. & F., Liebau (Schles.).
„ Winkler, Paul, Geh. Kommerzienrat, Fürth (Bayern).
„ Wolf, Netter & Jacobi, Berlin.
„ Ziegler, Dr., Generalsekretär, Berlin.
„ Zörner, Bergrat, Generaldirektor der Maschinenbauanstalt Humboldt, Cöln-Kalk.

Industrie und Landwirtschaft.

Von H. A. Bueck.

Wieder einmal hatten die Gegner des Centralverbandes Deutscher Industrieller die Gelegenheit für gegeben erachtet, eine vernichtende Hetze gegen ihn zu veranstalten. Es handelte sich um die auf dem reichsdeutschen Mittelstandstage in Leipzig von dem Geschäftsführer des Centralverbandes Deutscher Industrieller, Regierungsrat a. D. Dr. Schweighoffer, gemachten Aeußerungen über die Beziehungen des Verbandes zur Landwirtschaft. Danach sollte von Schweighoffer auf der Grundlage der extremsten agrarischen Forderungen ein festes Bündnis mit dem Bunde der Landwirte geschlossen und damit seitens des Centralverbandes Deutscher Industrieller Verrat an der gesamten Industrie und dem Wirtschaftsleben des Vaterlandes verübt worden sein.

Die Führung bei dieser Hetze hatte die linksliberale Presse übernommen. Der „Bund der Industriellen" aber hatte die Anklage gegen den Centralverband Deutscher Industrieller als ersten Punkt auf die Tagesordnung seiner am 11. September in Leipzig abgehaltenen Mitgliederversammlung gesetzt, und sein Vorsitzender gab daselbst die genugsam bekannte „Erklärung" ab. Alle, die mit der Entstehungsgeschichte und der Wirksamkeit des Centralverbandes Deutscher Industrieller und des Bundes der Industriellen nicht vertraut sind, werden erstaunt sein über die Wirkungslosigkeit dieser Angriffe. Ihr Mißerfolg konnte nicht schlagender erwiesen werden, als durch den überaus glänzenden und erfolgreichen Verlauf der kurze Zeit nach der Versammlung des Bundes der Industriellen in Leipzig abgehaltenen Sitzungen und Versammlungen des Centralverbandes Deutscher Industrieller. Im Verlaufe dieser Versammlungen war es dem Geschäftsführer leicht geworden, überzeugend nachzuweisen, daß von irgendwelchen zoll- oder sonstigen wirtschaftspolitischen Abmachungen zwischen dem Centralverbande Deutscher Industrieller und dem Bunde der Landwirte, die überhaupt niemals bestanden haben, auch in Leipzig nicht die Rede gewesen war; auf entgegengesetzte, also falsche und trügerische Behauptungen, war auch diese neueste Hetze gegen den Centralverband Deutscher Industrieller aufgebaut.

Der Herausgeber dieser Blätter*) hat nun kürzlich in der Nr. 36 die Beziehungen zwischen der Industrie und der Landwirtschaft besprochen; diese Beziehungen sind auch mehrfach im Verlaufe der Leipziger Tagung des Centralverbandes Deutscher Industrieller sachgemäß erörtert worden. Trotzdem dürfte es doch vielleicht zum besseren Verständnis und zum Ausgleich der Gegensätze dienen, wenn die Gestaltung der Beziehungen zwischen der im Centralverbande Deutscher Industrieller vereinigten Industrie und der Landwirtschaft hier von einem Manne dargelegt wird, der, zu den wenigen Ueberlebenden gehörig, die damals in der vordersten Reihe der Kämpfer für den Schutz der nationalen Arbeit stehend, alle hier in Betracht kommenden Vorgänge miterlebt hat und aus 25jähriger praktischer Tätigkeit in der Landwirtschaft und aus fast 40jähriger Vertretung der industriellen Interessen diese beiden bedeutendsten Erwerbszweige unseres Vaterlandes in allen hier in Betracht kommenden Beziehungen ziemlich genau kennt.

Der Schutzzoll war abgetan. Auf dem Wege der autonomen Zollermäßigungen — autonom, weil sie aus eigener Entschließung erfolgten und weil, als besonderes Kennzeichen dieser handelspolitischen Richtung, keine Vorteile dafür vom Auslande verlangt oder erreicht wurden — waren seit dem Jahre 1868 Zölle ermäßigt und aufgehoben worden. Selbst die große Masse der Industriellen hatte sich mit der Aussicht abgefunden, demnächst den Rest ihrer Zölle zu verlieren. Sie hatten sich dem Zuge der Freihändler angeschlossen, die meisten wohl nicht aus innerer Ueberzeugung, sondern aus der, vielfach auch jetzt noch bestehenden gänzlichen Interesselosigkeit an den Vorgängen im öffentlichen Leben, und daher aus der Unfähigkeit, die Bedeutung und die Folgen dieser Vorgänge zu erfassen.

Nur eine geringe Anzahl weitblickender, entschlossener Männer der rheinisch-westfälischen Montanindustrie und der süddeutschen Baumwollindustrie hatte die unheilvollen Wirkungen des Freihandels und die traurigen Zustände erkannt, in welche der volle Sieg und die dauernde Herrschaft des Freihandels das Wirtschaftsleben des deutschen Volkes stürzen müsse. Offen erklärten sie, die Umkehr unserer Wirtschaftspolitik vom Freihandel zu dem System des

*) Der Artikel erschien zuerst in dem Organ des Centralverbandes, der „Deutschen Industrie-Zeitung“.

Schutzes der nationalen Arbeit erstreben zu wollen. Ungeachtet des Hohnes und Spottes, mit dem sie überschüttet wurden, nahmen sie den Kampf für eine anscheinend gänzlich aussichtslose Sache auf.

Die im Jahre 1873 eingebrochene andauernde, Sorge, Not und Vernichtung verbreitende schwere Krisis veranlaßte jedoch zahlreiche Industrielle zum Nachdenken. So kam es, daß das kleine Häuflein der Schutzzöllner mit seiner außerordentlich kraftvoll betriebenen Agitation überraschend schnell Anhänger gewann und unter der Führung des schlesischen Großgrundbesitzers, Abgeordneten von Kardorff, sich bereits im Jahre 1876 eine Organisation, den Centralverband Deutscher Industrieller zur Förderung und Wahrung nationaler Arbeit schaffen konnte. Dieser hatte die Aufgabe, die Gesamtheit der industriellen Interessen zu vertreten, zunächst aber in unserer Wirtschaftspolitik den Grundsatz des Schutzes der nationalen Arbeit zur Geltung zu bringen und zu diesem Zwecke vor allem den Fürsten-Reichskanzler von der Notwendigkeit zu überzeugen, von dem bedingungslosen Freihandel zu einem System maßvoller Schutzzölle zurückzukehren. Diesen Aufgaben unterzog sich der täglich an Ausdehnung zunehmende Centralverband Deutscher Industrieller mit äußerster Kraft, mit großem Geschick und unverkennbarem Erfolge. Bereits wenige Jahre nach seiner Begründung hatte er aus dem Verlauf und den Nachwirkungen der von ihm veranstalteten beiden großen industriellen Kongresse im Juni 1877 in Frankfurt und im Februar 1878 in Berlin die Ueberzeugung gewonnen, daß er mit seiner Agitation nicht nur in der Industrie, sondern auch in der öffentlichen Meinung durchgedrungen sei. Eine glänzende Bestätigung brachten die Wahlen zum Reichstage im Sommer des Jahres 1878.

Die Bestrebungen des Centralverbandes Deutscher Industrieller hatten unverkennbar eine sehr wesentliche Unterstützung ganz besonders beim Reichskanzler gefunden durch den verhältnismäßig schnellen Gesinnungswechsel der Landwirte. Im Jahre 1873 waren ihrem leidenschaftlich freihändlerischen Andrange die Eisenzölle zum Opfer gefallen; in der ersten Hälfte der 70er Jahre hatte aber auch die fast 40jährige auffsteigende Konjunktur der deutschen Landwirtschaft ihr Ende erreicht. Die in großem Maßstabe verbesserten und vermehrten Verkehrsmittel zu Wasser und zu Lande ermöglichten es den überseeischen Ländern, die mit äußerst geringen Kosten hervorgebrachten Erzeugnisse ihrer gewaltigen Flächen jungfräulichen Bodens im Wettbewerb mit der heimischen Landwirtschaft besonders auf die vollkommen ungeschützten deutschen Märkte zu werfen. Die mehr und mehr zurückgehende Prosperität war der Landwirtschaft eine sehr gute Lehrmeisterin, um den Unterschied zwischen Freihandel und Schutzzoll und die Notwendigkeit des Schutzes auch für die Landwirtschaft klar zu machen.

Der Reichskanzler war mit seinen Bestrebungen für die Aenderung des Systems der Wirtschaftspolitik besonders bei der preußischen Regierung auf derart hartnäckigen und zähen Widerstand gestoßen, daß er sich veranlaßt sah, 1877 sein Entlassungsgesuch einzureichen; es wurde von dem großen Kaiser nicht angenommen. Dafür wurden Delbrück und Camphausen, diese festesten Stützen des Freihandels, beseitigt. Nun folgten Schlag auf Schlag die durchgreifendsten Maßregeln zur Aenderung unseres Wirtschaftssystems, so daß die verbündeten Regierungen in der Lage waren, bereits am 4. April 1879 den Entwurf eines neuen Zolltarifs den Reichstagsabgeordneten in die Osterferien nachzuschicken. Die Grundlage zu diesem Entwurf hatte freilich in sehr schwerer, mühevoller Arbeit der Centralverband Deutscher Industrieller geliefert. Er hatte in der Delegiertenversammlung vom 13. bis 15. Dezember 1877 nach Ausschaltung aller Gegensätze zwischen den verschiedenen Industrien den Entwurf eines Zolltarifes festgestellt und damit ein leuchtendes Beispiel für die Anerkennung des von ihm seit seiner Begründung hochgehaltenen Grundsatzes der Solidarität der Interessen gegeben. Der Centralverband Deutscher Industrieller hatte die Genugtuung, daß seine Vorschläge im großen und ganzen von der Regierung angenommen waren.

Zum vollen Siege der Bestrebungen des Centralverbandes Deutscher Industrieller fehlte nur noch die Annahme der Zollvorlage im Reichstage. Sie erschien den Männern im Centralverbande Deutscher Industrieller nicht sicher. Die Nationalliberalen vermochten sich nicht von den theoretischen Freihandelsideen zu trennen; es war sicher, daß sie den Reichskanzler in dieser für das deutsche Wirtschaftsleben entscheidenden Frage im Stiche lassen würden. Sie haben ihr Verhalten schwer büßen müssen. Der Gesinnungswechsel in der Landwirtschaft war zu schnell gekommen, um mit Sicherheit annehmen zu können, daß die Konservativen, die Vertreter der Landwirtschaft im Reichstage, geschlossen und fest zum Reichskanzler stehen würden. Noch mit den Nationalliberalen zu verhandeln, erschien absolut zwecklos; die wenigen mit dem Doktrinarismus der Partei nicht einverstandenen Männer hatten sich bereits von ihr getrennt.

Im Hinblick auf diese Verhältnisse entschloß sich der Vorsitzende des Centralverbandes Deutscher Industrieller, Geh. Kommerzienrat Schartzkopff, Verhandlungen mit der Landwirtschaft anzuknüpfen, um diese sicher und fest für das Prinzip der Solidarität der Interessen zwischen Industrie und Landwirtschaft zu gewinnen. Das Ergebnis dieser Verhandlungen war zunächst die Einladung des Vorsitzenden des Centralverbandes Deutscher Industrieller zu dem am 24. und 25. Februar 1879 in Berlin tagenden 10., Kongreß deutscher Landwirte.

Der Centralverband Deutscher Industrieller hatte sich jedoch bereits früher über seine Stellung zu der Landwirtschaft geäußert. Am zweiten Tage des von ihm am 21. und 22. Februar 1878 in Berlin veranstalteten großen Kongresses der deutschen Industriellen wurde der in Leipzig ausgearbeitete Entwurf eines Zolltarifs nochmals beraten und gegen eine Stimme angenommen. In der Versammlung tadelte Knauer, ein höchst angesehener Grundbesitzer aus der Provinz Sachsen, das Fehlen von Zollvorschlägen für die Landwirtschaft. Darauf erklärte die Versammlung einstimmig und ausdrücklich,

„daß der Centralverband Deutscher Industrieller die in seinem Tarifentwurf enthaltenen Positionen, welche die Landwirtschaft betreffen, ohne irgendein Urteil über dieselbe abgeben zu wollen, lediglich dem alten Tarif entnommen habe, da er sich nicht für berechtigt halte, über diese Materie ein Urteil abzugeben und dies den Landwirten selbst überlassen müsse".

Dieser Beschluß entsprach vollkommen den in der Einleitung (S. VIII) zu dem von der großen Versammlung nunmehr definitiv angenommenen Entwurfe eines deutschen Zolltarifs hinsichtlich des Verhältnisses zur Landwirtschaft niedergelegten Ansichten. Es hieß daselbst:

„Daß Landwirtschaft und Industrie in der innigsten Wechselwirkung zueinander stehen und daß die Förderung der einen zurückwirken muß auf das Gedeihen der anderen, wird derjenige nicht verkennen, der einen tieferen Einblick in das wirtschaftliche Getriebe des Volkshaushaltes gewonnen hat. Es lag deshalb ursprünglich die Absicht vor, auch bezüglich derjenigen Tarifpositionen, welche in das landwirtschaftliche Gewerbe einschlagen, bestimmte Vorschläge in den Tarifentwurf aufzunehmen. Bei näherer Ueberlegung mußte man sich jedoch sagen, daß es, streng genommen, der Industrie an der erforderlichen Legitimation zur Stellung von Anträgen fehle, welche in korrekter Weise nur von den Landwirten allein gestellt werden können. Wir haben deshalb davon abgesehen, bestimmte Anträge in bezug auf die Positionen zu formulieren, halten es aber für notwendig, hiermit ausdrücklich zu erklären, daß die deutsche Industrie gegen Zolleinrichtungen, welche der schwer bedrängten deutschen Landwirtschaft zu Hilfe kommen, in keiner Weise etwas zu erinnern findet."

Im Einklang mit dieser Erklärung hatte die Versammlung der Delegierten des Centralverbandes Deutscher Industrieller vom 15. und 16. Februar 1879 folgenden Beschluß gefaßt:

„Der Centralverband Deutscher Industrieller spricht seine volle Zustimmung zu dem in dem Schreiben des Fürsten-Reichskanzlers vom 15. Dezember vorigen Jahres entwickelten System einer ausgiebigen indirekten Besteuerung, namentlich zu einer Besteuerung ausländischer Konsumartikel aus. Insbesondere erklärt derselbe, daß er vom Standpunkt einer geschützten nationalen Industrie- und Gewerbetätigkeit aus gegen den entsprechenden Schutz der vaterländischen Landwirtschaft, also auch gegen einen mäßigen Getreide- und Viehzoll nichts zu erinnern findet und davon Nachteil weder für die deutsche Industrie, noch für die in derselben beschäftigten Arbeiter befürchtet."

Schwartzkopff hatte die Einladung zur Teilnahme an dem Kongreß deutscher Landwirte Folge geleistet und damit vollständig im Sinne der vorstehenden Meinungsäußerungen und Entschließungen des Centralverbandes Deutscher Industrieller gehandelt. Der erste Beratungspunkt der Tagesordnung lautete:

„Die Stellung der Landwirtschaft zu den wirtschaftlichen Reformplänen des Fürsten-Reichskanzlers."

Bezeichnenderweise war das Referat dem Fabrikdirektor Lohren übertragen, einem hochangesehenen Mitgliede des Centralverbandes Deutscher Industrieller, der mit außergewöhnlicher Energie für den Schutz der nationalen Arbeit eingetreten und ein begeisterter Anhänger des Fürsten Bismarck und seiner wirtschaftlichen Reformpläne war. Diese seine Ansichten äußerst scharf und rückhaltlos darstellend, hielt er sein von der Versammlung beifällig aufgenommenes Referat. Nachdem der Referent gesprochen, verlas Schwartzkopff die vorstehend angeführten, das Verhältnis zur Landwirtschaft betreffenden Aeußerungen und Beschlüsse des

Centralverbandes Deutscher Industrieller, und knüpfte daran einige kurze, treffende Bemerkungen über die Bedeutung des Schutzes der nationalen Arbeit; sie wurden mit lebhaftem Beifall aufgenommen. Schwartzkopff wies besonders darauf hin, daß, wenn infolge von Arbeitsmangel die Konsumtionsfähigkeit aufhöre, auch die billigsten Konsumartikel nichts nützen. Bei dem so beklagenswerten Daniederliegen der Industrie im Deutschen Reiche könne es dem Arbeiter nichts nützen, wenn das Brot noch einmal so schwer gebacken werde und er es nicht kaufen könne, sondern sich mit dem halben Brote begnügen müßte. Deshalb müßte auf die gemeinschaftliche Fahne geschrieben werden: „Arbeit und ihr Schutz für die Nation!" Diesen Worten folgte lebhafter Beifall.

Hierauf erhob sich einer der hervorragendsten Führer und Vertreter der Landwirtschaft, der Graf v. Mirbach-Sorquitten, um Schwartzkopff für seine offenen und bündigen Erklärungen zugunsten der Landwirtschaft zu danken und an die Landwirte die Bitte zu richten, die ihnen von der Industrie gebotene Hand zu akzeptieren. Er schloß mit den Worten: „Der Herr Reichskanzler, dem wir die ganze günstige Situation verdanken, hat es klar und deutlich ausgesprochen: „Keiner von uns wird stark genug sein, etwas zu erreichen, wenn wir uns nicht gegenseitig mit aller Hingebung unterstützen."

Die Landwirte hatten dieser Mahnung Folge geleistet. Am 12. Juli 1879 wurde die Zolltarifvorlage des Bundesrats vom Reichstage mit 217 gegen 117 Stimmen angenommen. Die Konservativen hatten fest zu Bismarck gestanden. Das kleine Häuflein der rheinisch-westfälischen und süddeutschen Schutzzöllner hatte das gewaltige Werk, die Umkehr unserer Wirtschaftspolitik zu dem System des Schutzes der nationalen Arbeit, vollbracht, und hat damit die sichere Grundlage für den gewaltigen Aufstieg unseres Wirtschaftslebens geschaffen. Dieser Aufschwung ist die feste Stütze des Staatswesens, der Machtstellung unseres Vaterlandes unter den Ländern der Erde, er ist die Quelle geworden, aus der die Mittel zur Erfüllung seiner Kulturaufgaben fließen.

Von einer immerhin noch sehr mächtigen Partei, zu der besonders die akademisch gebildeten Mitglieder fast aller Berufsstände gehörten, wurde die Rückkehr zum Schutzzoll als ein Akt krassester Reaktion betrachtet. Diesen Leuten, die, verrannt in die Ideen Adam Smiths und Cobdens, diese blindlings auch auf Deutschland übertragen wollten, war besonders die Einführung von Getreidezöllen selbst in dem geringen Betrage von 1 M. für 100 Kilogramm

Weizen und 0,50 M. für alles andere Getreide ein gewaltiger Stein des Anstoßes. Gegen sie, wie gegen den ganzen neuen Zolltarif entbrannte ein heftiger Kampf, dessen Abwehr die äußerste Aufmerksamkeit und Tätigkeit des Centralverbandes Deutscher Industrieller noch viele Jahre in Anspruch nahm.

An den Erhöhungen der Getreidezölle in den Jahren 1885 und 1887 hat der Centralverband Deutscher Industrieller keinen Anteil genommen, er hatte jedoch im Hinblick auf die immer schwerer werdende Notlage der Landwirtschaft keine Veranlassung gehabt, Widerstand gegen sie zu erheben.

Es kam das von Frankreich durch die Kündigung seiner sämtlichen Handelsverträge veranlaßte sogenannte handelspolitische Kometenjahr 1892. Deutschland, das keine Tarif-, sondern nur Meistbegünstigungsverträge besaß, war dadurch in der überaus günstigen Lage gewesen, alle Zugeständnisse, die andere Nationen sich gegenseitig machten, mitzugenießen, ohne dafür irgendetwas zu opfern. Es wurde aus dieser glücklichen Position heraus und in eine äußerst schwierige Lage versetzt. Deutschland aus dieser befreit, durch seine Handelsverträge dem deutschen Wirtschaftsleben das Fundament für eine von der Welt staunend beobachtete Entwickelung gegeben zu haben, war das unsterbliche Verdienst des Reichskanzlers Caprivi. Freilich hat er einen Fehler gemacht: Die Herabsetzung der Getreidezölle von 5 auf 3,50 M. Richtiger wird man freilich sagen, er hat nicht Kraft genug gehabt, um dem von den Freihändlern in den Parlamenten, in den Städtetagen, in der gesamten liberalen Presse veranstalteten jahrelangen Sturm gegen die Getreidezölle den erforderlichen Widerstand entgegen zu setzen. Die Herabsetzung war verhängnisvoll, da sie mit der äußersten Not der Landwirtschaft zusammen fiel, sie in eine verzweifelte Stimmung versetzte, die ihren Ausdruck in der Begründung des Bundes der Landwirte fand. Unter sehr geschickter und energischer Führung wurde dieser Bund eine Macht, von der die Interessen der Landwirtschaft nicht selten in rabiater, fast demagogischer Weise vertreten wurden.

Merkwürdigerweise wurde seitens des Bundes der Landwirte die Industrie und insbesondere der Centralverband Deutscher Industrieller beschuldigt, die Herabsetzung der Getreidezölle mit veranlaßt bzw. begünstigt zu haben, um damit in dem Vertrage mit Oesterreich günstigere Bedingungen für die Industrie zu erhandeln. Zur Abwehr dieser Verdächtigung veröffentlichte das Direktorium des Centralverbandes Deutscher Industrieller eine Erklärung, in der es hieß, „daß die deutsche Industrie keine Vorteile erstrebe, die nur auf Kosten der Landwirtschaft erreicht werden könnten. Wichtiger als die Höhe der landwirtschaftlichen Zölle sei die Erhaltung genügender Arbeitsgelegenheit für landwirtschaftliche und industrielle Arbeiter und die Aufrechterhaltung der vaterländischen Gewerbetätigkeit im bisherigen Umfange. Hierin seien die Interessen von Landwirtschaft und Industrie solidarisch."

Bereits in der Mitte der 90er Jahre begannen die Vorbereitungen für die Erneuerung der Handelsverträge. Der Kampf mit den Freihändlern nahm an Heftigkeit wieder zu, im Vordergrund der ganzen Bewegung standen die Getreidezölle. Auch jetzt wieder trat seitens der Führer des Bundes der Landwirte eine gereizte, fast feindliche Stimmung gegen die Industrie hervor. Diese Führer waren durch die hinter ihnen stehende große Macht und die bereits erzielten Erfolge ersichtlich in einen gewissen Taumel geraten, der sie veranlaßte, für den dem Abschluß der neuen Handelsverträge zugrunde zu legenden neuen Zolltarif Forderungen zu stellen, denen der Centralverband Deutscher Industrieller sich nicht nur nicht anschließen konnte, sondern denen er teilweise sogar entschieden entgegentreten mußte. Der Centralverband Deutscher Industrieller nahm seine Stellung zu den Hauptfragen des heiß entbrannten Kampfes, des Abschlusses von Handelsverträgen überhaupt und des ihm zugrunde zu legenden Zolltarifes, in folgender Erklärung:

„Der Centralverband Deutscher Industrieller erachtet den Abschluß von Handelsverträgen auf eine tunlichst lange Zeit im Interesse des deutschen Wirtschaftslebens für unbedingt notwendig, ebenso, daß dabei den Gewerben jeder Art, der nach Maßgabe ihres Bedürfnisses und der Interessen des Gemeinwohls zu bemessende Schutz erhalten bleibe bzw. gewährt werde."

Von diesen Gesichtspunkten geleitet ließ sich der Centralverband Deutscher Industrieller hinsichtlich seiner Stellung zu den Getreidezöllen weder durch das Geschrei der Freihändler noch durch die Feindseligkeit des Bundes der Landwirte beeinflussen. Im Interesse des Gemeinwohles erachtete er einen ergiebigen Schutz der Landwirtschaft für geboten, daher verlangte er die Wiederherstellung der Getreidezölle von 1887, hatte auch gegen die von dem Bundesrat vorgeschlagenen kleinen Erhöhungen schließlich nichts einzuwenden; die extremen Forderungen des Bundes mußte er jedoch nicht nur hinsichtlich der Getreidezölle, sondern auch in manchen anderen Beziehungen von denselben Gesichtspunkten aus entschieden bekämpfen.

Für die nunmehr bevorstehenden Erneuerungen der Handelsverträge hat der Bund dieselben extremen Forderungen angekündigt.

Es ist zu hoffen, daß es dem Centralverband Deutscher Industrieller gelingen wird, die Leiter des Bundes zu annehmbaren Kompromissen zu bewegen.

Aus den vorstehenden Darstellungen ist zu ersehen, daß der Geschäftsführer des Centralverbandes Deutscher Industrieller, Regierungsrat a. D. Schweighoffer, vollkommen im Geiste der Traditionen des Centralverbandes Deutscher Industrieller gehandelt hat, wenn er auf dem reichsdeutschen Mittelstandstage in Leipzig für die Verständigung und die Beziehungen zwischen Landwirtschaft und Industrie eingetreten ist. Dafür gebührt ihm nicht Tadel, sondern Dank, der ihm in der letzten Versammlung des Centralverbandes Deutscher Industrieller rückhaltlos zuteil geworden ist.

Persönlich möchte ich meiner Ansicht Ausdruck geben, daß das Bestreben Schweighoffers, die alten Beziehungen zwischen Industrie und Landwirtschaft in Erinnerung zu bringen und aufzufrischen, für die Gegenwart noch eine besondere Bedeutung hat.

Unverkennbar ist der von der Sozialdemokratie bereits erlangte starke Einfluß auf die Parteien und auf die Regierung. Ein starker Beweis dafür ist die Lösung der Frage, wie die Kosten der Heeresverstärkung aufzubringen seien. Die Masse des an der Erhaltung des Friedens und der Sicherheit des Staates in höchstem Maße interessierten Volkes hat nichts zu dieser Belastung beizutragen. Warum? Sollte der Arbeiter, der an seine Gewerkschaft im Durchschnitt jährlich rund 30 M. — die lokalen Parteiauflagen nicht mitgerechnet — abführt, nicht imstande sein, auch einige wenige Mark für die große patriotische Sache herzugeben? Sollte es nicht recht und billig sein, ihm durch dieses kleine Opfer seine Zugehörigkeit zum Vaterlande und das, was es ihm bietet, einmal wieder näher vor Augen zu halten? Nein, Regierung und Parteien scheuen sich, die Massen zu belasten, weil die Sozialdemokratie verlangt, daß nur der sogenannte „Besitz" die Lasten tragen muß. Die Besitzenden zu vernichten, gehört aber zu den Zielen der Sozialdemokratie, und die Ausplünderung des Besitzes ist ein Schritt zur Erreichung desselben.

Die unfaßliche Zurückhaltung der Regierung gegenüber dem in den verschiedensten Formen seitens der Sozialdemokratie gegen die anderen Arbeiter geübten Terrorismus, die Ablehnung jeder Schutzmaßregel gegen die Uebergriffe der Sozialdemokraten seitens der liberalen Parteien — alles das sind doch nur Folgen des starken, zunehmenden Einflusses der Sozialdemokratie.

Und nun die Verhandlungen im Reichstage über die Heeresvorlage. Da ist auch viel über die Sozialdemokratie geredet worden.

von der einen Seite, um ihre Ungefährlichkeit darzustellen, von der anderen, bei Anerkennung der großen, in der sozialdemokratischen Bewegung liegenden Gefahr, doch in der deutlich erkennbaren Zuversicht, daß, wenn es zu dem von der Sozialdemokratie täglich gepredigten und mit allen Mitteln vorbereiteten Kampfe kommen sollte, der Staat mit seinem Heere leicht und schnell siegen werde. Demgegenüber möchte ich die freilich etwas heikle Frage aufwerfen, wie lange denn wohl noch auf die Treue und Zuverlässigkeit des Heeres zu rechnen sein wird, wenn die Regierungen mit so weitgehender Nachsicht der zügellosen Propaganda der Sozialdemokratie uneingeschränkten Fortgang gewähren? Diese, die Monarchie, den Staat, alle Autorität niederreißende, infam verhetzende Propaganda wurde ja bei den Verhandlungen über die Heeresvorlage in denkbar äußerstem Maße betrieben. Nach meiner Meinung trägt der Staat dessen Institutionen das Halten und die wörtliche weiteste Verbreitung solcher Reden, wie sie gelegentlich der Verhandlungen über die Heeresvorlage von den Sozialdemokraten gehalten wurden, frei gestatten, bereits den Todeskeim in sich.

Gegen diese trostlosen Zustände im Interesse der Erwerbsstände anzukämpfen, gehört meines Erachtens auch zu den Aufgaben des Centralverbandes Deutscher Industrieller. Wo darf er hoffen, Verbündete zu finden? Die linksliberalen bürgerlichen Parteien einschließlich des linken Flügels der Nationalliberalen erstreben das Bündnis mit den Sozialdemokraten, irgendwelche Schritte gegen diese zu tun, wird von ihnen entschieden abgewiesen. Ob es der verhältnismäßig geringen Zahl der Altnationalliberalen gelingen wird, die Mehrheit ihrer Partei in andere Bahnen zu lenken, ist fraglich. Das Zentrum hat bisher, wohl mit Rücksicht auf die große Zahl der zu ihm gehörenden süddeutschen Demokraten, sich jedem Vorgehen gegen die Sozialdemokratie gegenüber ablehnend verhalten. Es bleiben einzig die konservativen Parteien, auf die als Genossen in dem Streben, die Tatkraft der Regierung anzufachen und die liberalen Parteien zur besseren Einsicht zu führen, gerechnet werden könnte. Die konservativen Parteien aber haben ihre festeste Stütze in der Landwirtschaft, aus der ihre Angehörigen zumeist hervorgegangen sind.

Daher betrachte ich auch von diesen Gesichtspunkten aus das Streben Schweighoffers, die Beziehungen zwischen Industrie und Landwirtschaft wieder fester zu knüpfen, als höchst verdienstvoll.

Deutscher Verlag (G.m.b.H.), Berlin SW 48, Wilhelmstr. 8

FSC
www.fsc.org
MIX
Papier | Fördert gute Waldnutzung
FSC® C083411

Kolibri 360 GmbH
Ferdinand-Jühlke-Straße 7
99095 Erfurt, Deutschland
produktsicherheit@kolibri360.de